다시, 공부머리 독서법

영유아, 초등 저학년 편

다시,
공부 머리
독서법

· 영유아,
  초등 저학년 편

최승필 지음

책구루

《다시, 공부머리 독서법》 사용법

쉽게 성공하거나, 어렵게 실패하거나

> "
> 독서는 고통스러운 수련 과정이 아니라
> 흥미가 가는 책을 찾아 재미있게 읽는 행위일 뿐입니다.
> 우리가 알고 있는 독서의 모든 효용은
> 바로 이 행위를 통해서만 얻을 수 있습니다.
> "

이것이 제가《공부머리 독서법》을 통해 전하고 싶었던 메시지였습니다. 얼마나 대단한 책을 읽느냐가 아니라 얼마나 몰입해서 읽느냐가 독서의 현재와 미래를, 아이의 지적 능력을 결정하기 때문입니다.

그럴 수밖에 없습니다. 재미의 정도가 곧 이해의 강도이기 때문입니다. 아무리 별 볼 일 없어 보이는 책도 푹 빠져 읽으면 터무니없이 짧은 기간 안에 보고도 믿지 못할 정도로 급격히 문해력이 향상됩니다. 아무리 좋아 보이는 책도 재미를 느낄 수 없다면 문해력은 꿈쩍도 하지 않습니다. 막연한 느낌이 아니라 언어능력 평가 수치로, 성적으로 명확하게 측정되는 객관적인 사실이지요.

그러니 독서 지도의 목표는 하나일 수밖에 없습니다. 어떻게 하면 책을 좋아하는 아이로 기를 수 있을까. 어떻게 하면 책을 사랑하게 만들 수 있을까.

이 책은 《공부머리 독서법》의 '애프터서비스'에 해당하는 책입니다. '재미있는 독서만이 아이를 성장시킨다'라는 독서의 대전제를 안다 해도 독서를 지도하다 보면 여러 난관에 부딪히게 됩니다. 재미있게 읽어주라고 해서 그렇게 했는데 아이에게 책 내용을 물어보면 제대로 대답하지 못합니다. 그럴 때 부모는 '재미있게 들어놓고 왜 내용을 기억 못하지? 어려운 내용도 아닌데?' 하고 당황하게 되지요. 가족 독서 시간을 가져보려 했더니 성별도 다르고 나이 차이도 크게 나는 다둥이 가정이라 시작부터 엉망진창입니다. 영유아 때부터 목이 아프게 책을 읽어주었지만, 초등학생이 된 아이는 스스로 읽을 기미가 보이지 않습니다. 이렇게 생각지도 못한 별의별 돌발 상황이 여기저기서 터지고, '재미있게 읽어주는 것이 진짜 능사인가?' 하는 의구심이 시시때때로 듭니다. 독서 지도의 지난한 과정이지요.

　이 책은 독서 지도 과정에서 생길 수 있는 이런 문제 상황들에 대처하는 방법을 담고 있습니다. 1,000번이 넘는 강연과 <우리 가족 공감 독서> 오디오클립[*], <공부머리 독서법 네이버 카페>[**] 등 다양한 경로로 받은 질문을 토대로 했으니 웬만한 독서 고민은 이 책의 범위를 넘지 못할 겁니다. 독서 지도 과정에서 고민이 생겼을 때 이 책의 목차에서 해당 문제를 다룬 페이지를 찾을 수 있을 거라는 뜻이지요.

　그렇다고 내가 지금 맞닥뜨린 문제에 해당하는 페이지만 찾아 읽으면 된다는 뜻은 아닙니다. 독서 지도 전체를 관통하는 기본 원리를 이해한 상태여야만 해당 문제에 대한 해법을 올바르게 적용할 수 있기 때문입니다.

　일단 가벼운 마음으로 이 책을 내처 읽어주세요. 아이가 왜 지금 이런 문제를 겪고 있는지 이해할 수 있고, 앞으로 어떤 문제가 발생할 수 있는지 미리 조망해 볼 수 있을 것입니다. 이런 이해를 바탕으로 특정 문제가 발생했을 때 해당 목차를 찾아본다면 올바른 해결책을 찾는 데 큰 도움이 될 것입니다.

---

[*] https://audioclip.naver.com/channels/1595
[**] https://cafe.naver.com/gongdock

독서는 도움이 되는 책, 수준 높은 책을 숙제하듯 읽어내는 공부가 아니라는 점, 독자인 아이가 흥미가 가는 책을 찾아 신나게 읽는 문화 활동이라는 점을 꼭 기억해 주세요. '흥미가 가는 대로 읽어서 무슨 도움이 될까?' 싶지만, 그런 독서야말로 가장 강력한 위력을 발휘하는 진짜 독서, 지속 가능한 독서입니다.

독서는 둘 중 하나입니다. 쉽게 성공하거나, 어렵게 실패하거나.

아이의 흥미와 눈높이에 맞는 책을 읽도록 이끌면 실패하려야 실패할 수가 없는 것이 독서 지도입니다. 아이든 어른이든 독서는 언제나 독자인 내가 읽고 싶은 책을 찾아 읽는, 가슴 뛰는 행위니까요.

독서라는 흥미진진한 여정에 이 책이 작은 도움이 되기를 간절히 바랍니다.

<공독서가>에서 최승필 드림.

"
독서가가 된다는 것은
서가라는 생각의 바다를 여행하는
항해자가 되는 일.
"

차례

《다시, 공부머리 독서법》 사용법   4

1부. 영유아
책 읽어주기, 이렇게 하면 되나요?

01 • 영유아 독서 지도의 핵심은 무엇인가요?   14
02 • 책 읽어주기 말고 다른 교육은 안 해도 될까요?   23
03 • 책 읽어주기를 하면 어떤 점이 좋은가요?   31
04 • 책을 얼마나 읽어주어야 하나요?   37
05 • 어떤 책을 읽어줘야 하나요?   42
06 • 아이가 책 고르기를 어려워해요   49
07 • 어떻게 읽어줘야 하나요?   54
08 • 아이가 답해주기 어려운 질문을 해요   62
09 • 그림부터 보려는 아이 때문에 책 읽어주기가 힘들어요   68
10 • 아이가 책장을 너무 빨리 넘겨요   73
11 • 책 읽어줄 때 아이가 자꾸 딴짓을 해요   77
12 • 책을 읽어줬는데 아이가 내용을 기억 못해요   81
13 • 같은 책만 계속 읽어달라고 해요   85
14 • 한 분야의 책만 읽으려고 해요   90

15 • 전집은 어떻게 활용하면 좋을까요?	96
16 • 책 읽어준대도 싫다고 해요	101
17 • 영유아 스마트폰 지도는 어떻게 해야 하나요?	106
18 • 오디오북을 들려주는 것은 괜찮은가요?	112
19 • 영상으로 동화를 보여줘도 되나요?	117
20 • 책 읽어줄 시간이 없는 워킹맘, 워킹대디는 어쩌죠?	119
21 • 다둥이 가정은 어떻게 읽어줘야 하나요?	123
22 • 한글 교육은 언제 시키는 게 좋을까요?	130
23 • 스스로 읽기는 언제부터 시켜야 하나요?	132
24 • 아이를 독서가로 키우려면 부모도 꼭 책을 읽어야 하나요?	135
25 • 아이가 슬픈 책, 감동적인 책을 싫어해요	143

2부. 초등 저학년
읽기 독립은 어떻게 시켜야 할까요?

01 • 초등 저학년 독서 지도의 핵심은 무엇인가요?	148
02 • 초등학생이 됐는데도 자꾸만 읽어달라고 해요	155
03 • 초등 1학년도 영유아 때처럼 읽어주면 되나요?	162
04 • 읽기 독립은 어떻게 하나요?	165

05 • 아이가 책 고르기를 힘들어해요	171
06 • 이야기책만 읽으려고 해요	180
07 • 지식도서만 읽으려고 해요	185
08 • 만화책 같기도 하고 그림책 같기도 한 책, 읽게 놔둬도 될까요?	195
09 • 귀신 이야기, 요괴 대백과 같은 자극적인 책을 사달라고 해요	197
10 • 책 읽으라고 하면 학습만화만 봐요	199
11 • 글책을 잘 읽으면 학습만화를 허용해도 괜찮지 않을까요?	206
12 • 학습만화도 잘 읽고, 글책도 잘 읽는 아이는 없나요?	212
13 • 자기 연령대보다 수준 높은 책을 읽으려고 해요	215
14 • 필독서, 권장 도서를 싫어해요	222
15 • 읽는 책의 수준은 어떻게 높이나요?	224
16 • 책을 너무 빨리 읽어요	227
17 • 주인공 이름, 책 제목, 고유명사를 기억 못해요	232
18 • 음독과 묵독 중 어떤 것이 더 효과적인가요?	235
19 • 문장 끝을 대충 읽어요	239
20 • 책을 읽을 때 글자를 빼먹어요	241
21 • 책을 읽다 말고 자꾸 다른 책을 읽겠다고 해요	243
22 • 책을 잘 읽었는지 확인하려면 어떻게 해야 하나요?	247
23 • 잠자리에서만 책을 보려고 해요	256
24 • 책 읽는 자세가 나빠요	260

25 · 다둥이 가정, 독서 지도가 어려워요	262
26 · 어휘력 관련 도서가 도움이 될까요?	266
27 · 한자 교육을 따로 해야 할까요?	274
28 · 독서 논술 학원은 언제 보내는 게 좋을까요?	277
29 · 어떤 독후 활동이 가장 효과적인가요?	282
30 · 독서록, 독후감 쓰기를 어려워해요	287
31 · 일기에 쓸 내용이 없다고 해요	292
32 · 초등 저학년도 반복독서와 필사가 효과적일까요?	298
33 · 초등 저학년은 왜 슬로리딩을 하면 안 되나요?	301
34 · 스마트 기기로 책을 읽어도 되나요?	305
35 · 영어책 읽기도 문해력을 끌어올려 주나요?	309
36 · '리터니'의 독서 지도는 어떻게 해야 하나요?	313
37 · 아이에게 독서 재능이 없는 것 같아 속상해요	316

찾아보기   322

1부 — 영유아

책 읽어주기, 이렇게 하면 되나요?

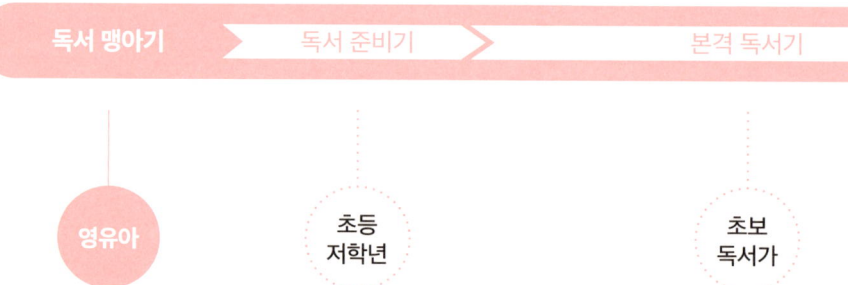

> 사색적 독서기

숙련된
독서가

01.
영유아 독서 지도의 핵심은 무엇인가요?

제가 처음 강사 생활을 시작했던 20여 년 전이나 지금이나 영유아 부모의 독서 지도 열기는 정말 대단합니다. 영유아 전집은 늘 불티나게 팔리고, 도서관 영유아실은 어린 자녀의 손을 잡고 책을 빌리러 오는 부모로 항상 북적입니다. 매일 책을 읽어주는 영유아 부모의 비율이 97.4퍼센트에 달한다는 설문조사 결과[*]가 있을 정

* 자녀 평균 연령 5.3세의 부모 1,342명 설문조사, 2020년 2월 6일~7일, 한솔교육

도이니 영유아기만 놓고 본다면 독서 강국도 이런 독서 강국이 없는 셈입니다. 대부분 가정에서 성공적인 독서 지도가 이뤄지는 거지요.

문제는 그 성공이 딱 영유아기까지라는 점입니다. 영유아기에 천장을 쳤던 독서 인구는 초등학생 시기에 접어들자마자 급격히 줄기 시작해 초등 3학년 무렵 다시 한번 크게 꺾이고, 중고등학생이 되면 바닥을 칩니다. 이 바닥은 생각보다 깊어서 청소년 독서가(스스로 흥미가 가는 책을 찾아서 읽는 독서가)로 자라는 경우는 전교 5등 안에 드는 고등학생이 될 확률과 비슷하거나 그보다 낮습니다.

이런 흐름은 제가 독서교육에 몸담은 지난 20여 년간 단 한 번도 바뀐 적이 없습니다. 오히려 더 강화되어 왔습니다. 어릴 때는 그렇게 책을 좋아했던 아이들이 자라면서 추풍낙엽처럼 떨어져 나가더니 약속이나 한 듯이 책이라면 고개를 절레절레 젓는 초등 고학년, 청소년이 되는 것입니다. 바꿔 말하면 지금 엄마 아빠 품에 안겨 반짝이는 눈으로 책을 들여다보는 우리 아이도 초등 고학년, 청소년이 되면 십중팔구 책을 놓게 되고 그 결과 문해력 문제를 겪게 될 거라는 뜻입니다. 지금껏 우리 선배 부모들이 해오던 방식에서 벗어나지 못하는 한 말입니다.

바로 여기에 영유아 독서 지도의 핵심이 있습니다. 초중등 시기에 독서를 그만두게 되는 것은 초중등 시기에 뭔가를 잘못해서가 아닙니다. 영유아기에 잘못 끼운 첫 단추의 결과가 초중등 시기에 터지는 것일 뿐이지요.

대한민국 대표 독서 단절 모델과 진짜 독서가

우리는 모두 책 읽어주는 법을 배운 적이 없음에도 부모가 되어 아기 앞에 책을 들고 앉는 순간 그 누구 못지않게 훌륭한 방법으로 책을 읽어줄 줄 압니다.

"달님 나타났네. 달님이 인사하네. 안녕. 아가야. 까꿍."[**]

엄마 아빠의 호들갑에 아기가 까르르 웃음을 터트립니다. 그 웃음소리가 좋아서 엄마 아빠는 더 신나게 책을 읽어줍니다. 알록달록한 그림을 함께 들여다보고, 호랑이가 되어 "어흥" 아기의 배에 얼굴을 파묻고, 책 뒤로 숨었다 나타나기도 하면서 말이죠. 이러니 책을 좋아하는 아이로 자랄 수밖에요. 엄마 아빠만 보면 책 읽어달라고 쪼르르 달려오고, 힘들어서 그만 읽어줄라치면 혀 짧은 소리로 "한 권만 더" 보채기 일쑤지요.

영유아기 내내 이렇게 책을 읽어주는 것. 이것이 책 읽어주기의 효과 측면에서도 독서 문화 측면에서도 가장 이상적인 영유아 독서 지도 방법입니다. 그런데 많은 부모가 이런 이상적인 자세를 유지하지 못합니다.

'몇 년 후면 초등학생이 될 텐데 이렇게 재미있게만 읽어줘도 될까?'

대여섯 살이 되면 슬슬 불안한 마음이 들기 마련이니까요. 게다가 이 시기에는 무슨 전집을 읽혀야 한다더라, 옆집 누구는 어떤 전

[**] 《달님 안녕》 하야시 아키코 글·그림, 한림출판사

집 읽혀서 큰 효과를 봤다더라 하는 정보들이 여기저기서 마구 날아듭니다. 결국 그 나이에 읽혀야 한다는 지식 전집에 손을 대게 됩니다. 실제로 효과도 좋은 것 같습니다. 읽어주는 족족 지식이 쌓이는 게 보이고, 아이도 힘들어하지 않고 곧잘 따라오니까요.

하지만 실상은 다릅니다. 부모도 아이도 어느새 독서를 '읽고 싶은 책을 읽는 문화생활'이 아니라 '읽어야 할 책을 읽는 공부'로 여기게 됐기 때문입니다. 이렇게 한번 방향이 잡히면 스스로 되돌리는 것은 불가능에 가깝습니다. 읽어주는 대로 지식이 쌓이는 것을 이미 보았으니까요. 아이가 읽어야 할 책을 수소문해서 줄지어 읽히게 되지요. 어휘, 한국사, 세계사, 과학, 고전 명작까지 '교과 연계'로 독서를 시키게 되는 것입니다.

저는 이런 식의 독서 지도를 '대한민국 대표 독서 단절 모델'이라고 부릅니다. 독서 지도에 열의가 있는 부모 중 다수가 이런 식으로 지도해 왔고, 이렇게 지도해서 실패했기 때문입니다. 그럴 수밖에 없습니다. 타인이 이끄는 대로 독서를 이어갈 수 있는 사람은 없으니까요. '독서 편식', '균형 잡힌 독서', '수준 높은 책을 읽어야 독서 능력이 향상된다'처럼 아이의 독서를 위기로 몰아넣는 독서에 대한 수많은 오해, 잘못된 지도 방법도 독서를 공부의 일환으로 여기는 관점에서 나온 것들입니다. 그 시작은 아이가 읽을 책을 부모가 선정하는 것입니다. 그 순간 아이의 독서는 끝을 향해 방향을 틉니다. 아이에 따라 초등 1학년 때 독서를 그만두느냐, 초등 5, 6학년 때 그만두느냐만 다를 뿐이지요.

독서가가 되는 방법은 딱 하나뿐입니다. 주위의 독서가든, 세상 사람이 다 아는 글로벌 리더든, 역사 속 위인이든 다 마찬가지입니다. 어느 날 우연히 재미있는 책 한 권을 만났을 뿐이지요. 재미있게 읽었으니 다시 찾아 읽게 되고, 그 과정에서 또 재미있는 책을 만납니다. 그렇게 재미있는 책을 읽는 과정에서 독서 능력이 향상되고, 독서 능력이 향상되는 만큼 취향도 성숙해집니다. 따분하고 어려워 보여 손도 안 댔던 책을 푹 빠져 읽는 독서가로 성장해 갑니다.

어린 독서가 역시 마찬가지입니다. 초등 4, 5학년인데 중등 2, 3학년 수준의 문해력을 갖춘 어린 독서가 중에 부모님이 시키는 대로 읽은 아이를 저는 단 한 명도 본 적이 없습니다. 하나같이 자기가 좋아하는 장르와 작가가 있고, 부모님이 뜯어말려도 책을 읽을 정도로 독서를 좋아하는 아이들이었지요.

독서가는 남들이 좋다는 책을 줄지어 읽는 사람이 아니라 재미있는 책에 대한 열망에 사로잡혀 신나게 서가를 탐험하는 사람입니다. 독서 지도는 응당 책에 대한 열망에 불꽃을 일으키고 키워나갈 수 있도록 돕는 일이 되어야 합니다. 독서 지도의 성패가 열망에 달려있기 때문입니다. 이 열망이 사그라들면 독서는 끝이 나고, 이 열망이 강하면 강할수록 뛰어난 독서가가 됩니다. 유사 이래 한 번도 변한 적이 없는 독서의 기본 작동 원리입니다.

영유아기는 독서의 첫 단추를 끼우는 시기입니다. 어떤 책을 읽어주고, 어떻게 읽어줘야 도움이 될지 따위의 생각은 아예 지워버리세요. 우리가 고민해야 할 것은 어떻게 하면 아이가 책을 더 좋아하게 될까, 어떻게 읽어줘야 더 재미있어할까입니다. 이 태세 전환에 독서 지도의 성패가 달려있습니다.

영유아 책 읽어주기의 목표

영유아 책 읽어주기의 목표는 딱 두 가지입니다.

첫째는 '독서를 놀이로 느끼게 만들기'입니다.

책 읽어주기를 할 때 가장 중요한 것은 책 읽어주기를 학습으로 여기지 않는 것입니다. '이런 책이 아이에게 도움이 될 거야', '몇 개월에는 이런 책, 몇 개월에는 저런 책을 읽어주어야 해'라는 관점을 내려놓고 철저히 아이가 흥미를 보이는 책, 아이가 직접 고른 책을 읽어주어야 합니다.

영유아기는 독서에 대한 아이의 첫인상과 부모의 독서 지도 방향이 결정되는 시기입니다. '좋은 책', '도움이 되는 책'을 찾으면 아이에게도, 부모에게도 독서는 공부가 되고 맙니다. 그렇게 되면 독서를 지속할 수 없습니다.

"다 필요 없고, 독서를 즐거운 놀이로 만들어주마."

이 한 가지만 생각해 주세요. 쾌락이 되지 못한 독서는 지속될 수 없습니다.

둘째는 '몸에 밴 독서 문화 만들기'입니다.

독서 지도에 성공하느냐 마느냐는 아이가 책 읽는 시간을 어린이집에 가고 밥을 먹고 잠을 자는 것처럼 당연한 일로 느끼느냐 아니냐에 달려있습니다. 영유아기부터 주기적으로 도서관에 가고 매일 책 읽는 시간을 가지면 아이는 독서를 생활의 일부로 여기게 됩니다. 그렇게 만든 독서 패턴을 자라서도 계속 유지하면 독서 지도에 실패하려야 실패할 수가 없습니다.

참 별것 없지요?

독서 시간에 아이가 스스로 고른 책을 신나게 읽어준다.

이게 전부니까요.

그런데 이 별것 없는 목표를 지키기가 참 어렵습니다. '겨우 이 정도로 괜찮을까?' 하는 불안과 의구심에 시시때때로 흔들리는 게 부모 마음이니까요. 독서를 자꾸 공부로 만들고 싶어지는 거지요. 독서 지도에 성공하려면 사활을 걸고 이 욕심과 싸워서 이겨야 합니다. 원래 독서는 '내가 읽고 싶은 책을 찾아서 신나게 읽는' 문화 생활이기 때문입니다. 부모가 정해준 좋은 영화를 줄지어 본 덕분에 영화 마니아가 됐다는 사람이 없듯 체계적인 독서교육을 통해 독서가가 된 사람은 없습니다. 내 흥미대로 읽고 싶은 책을 마음껏 읽으며 책과 사랑에 빠지고, 자기도 모르는 새 숙련된 독서가로 성장한 사람만 있을 뿐이지요.

'지금 내가 가장 재미있게 읽을 수 있는 책이 어디에 숨어 있나?'

이것이 독서가의 기본자세입니다.

이 기본자세를 생활 속에 튼튼히 심어주는 것.

부모가 영유아 자녀에게 줄 수 있는 가장 큰 선물이자 아이를 독서가로 키우는 진짜 방법입니다.

> "어떻게 하면 책을 사랑하는 아이로
> 기를 수 있을 것인가?
> 어떻게 하면 책을 더 재미있게 읽어줄 것인가?"

책을 사랑하는 아이로 기르기 위한 기본 원칙

독서 지도의 세부 방침은 아이의 특성에 따라 다를 수 있습니다. 하지만 독서 문화를 만들기 위해 반드시 따라야 하는 기본 원칙도 있습니다. 책을 사랑하는 아이, 독서를 선택이 아니라 당연한 문화로 즐기는 아이로 기르기 위한 독서 지도 원칙 두 가지를 살펴보도록 하겠습니다.

1. 아이의 책 선택권 지켜주기

독서가가 된다는 것은 자신이 재미있어하는 책을 스스로 찾아내고 그 책을 읽는 사람이 되는 일입니다. '아직 어린데 뭘 알겠어' 하는 마음으로 부모가 골라주게 되면 아이는 '책은 어른이 골라주는 것'이라는 잘못된 생각을 내면화하게 되고, 책을 고르는 능력도 기를 수 없습니다. 엉뚱한 책을 골라 오더라도 상관없습니다. 아이 스스로 책을 구경하고 고르는 경험을 쌓을 수 있도록 이끌어주세요.

2. 매일 한 번 재미있게 책 읽어주기

짧은 시간이어도 좋으니 적어도 하루에 한 번은 책을 읽어주세요. 읽어주는 양보다 중요한 것은 얼마나 재미있게, 적극적으로 읽어주느냐입니다.

02.
책 읽어주기 말고
다른 교육은 안 해도 될까요?

아이를 기르다 보면 조기교육에 대한 정보를 접하게 됩니다. 미디어를 통해 접할 때는 '저런 게 있구나' 정도로 넘어갈 수 있을지 모르지만, 옆집 누구, 친척 누가 조기교육을 받고 있다는 이야기를 들으면 우리 아이도 시켜야 할 것 같은 불안감을 느끼게 됩니다.

조기교육은 영유아를 대상으로 하는 선행 학습의 성격을 띱니다. 놀이의 형태든, 새로운 기술을 도입하든 결국 한글, 덧셈, 뺄셈, 기초적인 영어 등 초등 저학년이 배우거나 배울 수 있는 내용을 미리 공부하는 것이니까요. 조기교육을 받은 아이는 당연히 배운 만큼 더 알게 됩니다. 한글을 가르치면 더듬더듬 글을 읽고, 영어를 가르치면 알파벳을 읊고, 수학을 가르치면 기초적인 연산 문제를 풀어냅니다. 아무것도 가르치지 않은 아이와 비교하면 앞서 나가도 한참 앞서 나간 것처럼 보이지요. 분명한 학습 격차가 큰 폭으로 발생하는 것을 눈으로 직접 확인할 수 있습니다.

이 학습 격차는 당연히 초등학교에 진학한 후에도 위력을 발휘합니다. 조기교육을 받지 않은 아이가 한글과 기초적인 연산을 배우느라 끙끙댈 때 조기교육을 받은 아이는 혼자서 척척 읽고 쓰고 풀 수 있으니까요. 만약 이 비교 우위가 초등 고학년, 청소년까지 이어진다면 조기교육을 하지 않을 이유가 없습니다. 아니 모든 아이가 조기교육을 받을 수 있도록 공교육 시스템을 보완하는 방향으로 나아가야겠지요.

교육 현장에 있어보면 왜 조기교육을 제도화한 나라가 없는지 수긍할 수 있습니다. 조기교육의 효과가 지속되는 사례를 거의 볼 수 없기 때문입니다. 처음에는 분명히 앞서 나가는 듯하지만, 초등 2학년, 길게 잡아도 초등 3학년이 되면 학습 격차가 가뭇없이 사라지는 게 제가 경험한 일반적 현상입니다. 독서 능력도 마찬가지여서 초등 1학년이든 2학년이든 조기교육을 받지 않은 아이가 한글을 능숙하게 읽고 쓰게 되는 순간 독서 능력의 격차도 즉시 사라져버립니다.

미국 보건복지부 유아 교육 프로그램 '헤드 스타트Head Start'에 참여한 3, 4세 유아 4,667명을 추적 분석한 연구, 미국 테네시 유아원 조기교육 효과를 분석한 연구에서도 비슷한 결과가 나왔습니다. 조기교육의 효과는 영유아 시기에 가장 크게 나타났다가 점차 떨어지기 시작해 초등 3학년 시기에 사실상 소멸하는 것으로 나타났습니다. 초등 저학년 한정 '찻잔 속 태풍'인 셈입니다.

물론 조기교육을 받은 모든 아이가 우수하지 못하다는 뜻은 아닙니다. 개중에는 초등 고학년, 청소년이 되어서도 뛰어난 성적을 유지하는 경우도 물론 있습니다. 하지만 큰 의미는 없습니다. 조기교육을 받지 않은 아이가 우수한 성적을 거둘 확률도 그 정도는 되니까요.

조기교육이 찻잔 속 태풍으로 그치는 이유

독서교육의 관점에서 보면 조기교육이 찻잔 속 태풍에 그치는 것은 자연스러운 현상입니다. 영유아기에 조기교육을 받은 아이가 비교우위를 계속 유지하려면 초등학생이 되어서도 선행 학습을 그만한 폭으로 유지해야 합니다. 영유아기에 초등 1학년에 해당하는 학습을 했듯, 초등 1학년 때는 초등 2, 3학년 수준의 공부를, 초등 3학년 때는 초등 4, 5학년 수준의 공부를 해야 격차를 유지할 수 있으니까요. 그런데 조기교육을 받은 아이 대부분은 이런 수준의 선행 학습을 이어가지 못합니다. 선행 학습을 하려면 아이가 그만한 수준의

---

* <취학 전 조기교육 효과, 과학적 근거 불분명> 동아사이언스, 2024년 5월 3일 기사

언어능력을 갖고 있어야 하기 때문입니다. 초등 1학년이 초등 3학년 공부를 하려면 초등 3학년 교과서를 읽고 이해할 수 있는 언어능력이 있어야 하고, 초등 3학년이 초등 5학년 공부를 하려면 초등 5학년 교과서를 읽고 이해할 수 있을 정도의 언어능력이 있어야 하는 거지요. 영유아기, 초등 저학년은 이런 식으로 언어능력이 웃자랄 수 없는 시기입니다. 뇌 발달 단계라는 생물학적 제한이 걸려있기 때문입니다.

영유아에게 책을 읽어주면 아이는 감정이입 능력, 어휘력, 표현력을 키울 수 있습니다. 하지만 자기 연령대보다 높은 수준의 언어능력을 가질 수는 없습니다. 한 살배기 아기에게 《달님 안녕》 같은 책을 하루에 열 시간씩 읽어준다고 해서 아기가 갑자기 《강아지똥》**을 이해할 수 있게 되지는 않는다는 뜻입니다. 한 살은 한 살의 뇌를 갖고 있고, 일곱 살은 일곱 살의 뇌를 갖고 있기 때문입니다. 발달 단계에 따른 이런 한계는 아이의 뇌가 일정 수준 이상으로 성장하는 초등 고학년이 될 때까지 이어집니다.

이런 현상은 뛰어난 어린 독서가들이 두각을 나타내는 시기에서도 드러납니다. 책을 좋아하고 많이 읽는 아이도 초등 저학년 시기에는 평범한 모습을 보이는 경우가 많습니다. 책을 읽지 않는 아이에 비해 영리하다는 느낌은 들 수 있지만 그 차이가 그리 크게 느껴지지 않지요. 심지어 책을 술술 잘 읽는 아이가 간단한 수학 문제

** 《강아지똥》 권정생 글, 정승각 그림, 길벗어린이

를 이해 못 해 어른들을 어리둥절하게 만들기도 합니다. 이랬던 어린 독서가가 본격적으로 두각을 나타내는 시기, 자기 연령을 훌쩍 뛰어넘는 언어능력을 보이는 시기는 빨라봐야 초등 4학년 이후입니다. 얼마 전까지 평범했던 아이가 어느 순간 중등 2, 3학년 교과서를 스스로 읽고 이해할 수 있을 정도의 언어능력을 갖추게 되는 식이지요. 뇌 발달 단계의 제한이 어느 정도 풀리면서 폭발적인 성장을 하는 겁니다.

결국 조기교육은 아이의 생물학적 뇌 발달 단계를 넘어서려는 시도라고 할 수 있습니다. 그래서 어렵고, 그래서 매혹적이지요. 조기교육을 지지하는 쪽에서는 뇌 발달 단계의 한계를 뛰어넘을 수 있다는 말로 조기교육의 매력을 더합니다. 그것이 바로 영유아 교육에서 흔히 말하는 '결정적 시기' 이론입니다.

'결정적 시기'에 대한 오해

영유아의 뇌는 0세에서 3세까지 급격한 변화를 겪습니다. 뉴런(신경세포)이 폭발적으로 증가함과 동시에 자주 사용하는 신경망을 강화하고 사용하지 않는 신경망을 가지치기하는 현상이 일어납니다. 이와 같은 뉴런의 폭발적 증가와 가지치기를 뇌 과학에서는 '결정적 시기'라고 부르는데, '결정적'인 이유는 이 시기에 한번 가지치기 된 신경망은 영원히 회복되지 않기 때문입니다.

한마디로 이 시기에 뇌의 기본 구조가 결정된다는 뜻, 아이의 기본 기질과 능력의 본바탕이 결정된다는 뜻입니다. 이것이 일부

사교육업체가 조기교육이 필요하다고 주장하는 핵심 논리입니다. 결정적 시기에 학습에 관련된 신경망을 구축하면 영재, 천재가 될 수 있다는 거죠.

그런데 이런 식의 해석은 과학적 사실과는 거리가 멉니다. 갓 태어난 새끼 고양이의 한쪽 눈을 가리고 키우면 그 고양이는 영원히 한쪽 눈의 시력을 잃습니다. 눈으로 시각 정보가 들어오지 않아 해당 시신경 뉴런의 가지치기가 일어나는 탓입니다. 또 태어나자마자 고릴라에게 길러진 아이는 영원히 인간 사회에 적응할 수 없습니다. 인간으로서의 상호작용이 모조리 차단된 상태에서 결정적 시기를 보낸 탓입니다. 고양이의 한쪽 눈 시신경이 가지치기 되듯 언어, 정서 교감 등의 신경망이 가지치기가 돼버리는 겁니다.

이렇듯 결정적 시기에 일어나는 뉴런의 폭발적 증가와 가지치기는 학습의 영역이 아니라 자극과 교감 같은 상호작용의 영역에서 일어납니다. 양육자의 애정 어린 눈빛과 스킨십, 까꿍 놀이, 눈앞에서 움직이는 모빌, 장난감을 물고 빠는 일 같은 것들 말이죠. 3세 이후에도 크게 다르지 않습니다. 어린이집이나 놀이터에서 또래 친구들과 어울려 놀고, 낯선 곳으로 여행을 가고, 다정한 대화를 나누는 것이 아이의 뇌를 발달시키지요.

이 상호작용의 목록에 학습은 들어있지 않습니다. 영유아의 뇌는 아직 학습을 수행할 준비가 안 돼 있기 때문입니다. 아이에게 학습은 생물학적 능력을 훌쩍 뛰어넘는 무리한 시도, 상호작용이 아니라 스트레스를 유발하기 쉬운 활동인 겁니다.

아이의 뇌는 눈을 맞추고, 안아주고, 대화를 나누는 인간적 상호작용 속에서 발달합니다. 학자들이 책 읽어주기를 최고의 영유아 교육이라고 말하는 것도 책을 읽어주는 행위 자체가 깊은 상호작용이기 때문입니다. 아이를 안고, 함께 책을 들여다보며, 감정이 듬뿍 담긴 목소리로 책을 읽어주니까요. 그것도 태어날 때부터 이미 인간에게 내재한 논리인 '이야기'로 교감하는 상호작용이지요.

책 읽어주기 이외의 다른 교육을 해서는 안 된다거나, 모든 조기교육이 해악이라는 말씀을 드리려는 게 아닙니다. 조기교육을 시키지 않는다고 해서 불안해할 필요는 없다는 것이지요. 아직 준비되지 않은 뇌로 학습한다 한들 얼마나 대단히 앞서 나갈 수 있겠습니까. 지금 당장 앞서 나가는 것처럼 보일 뿐 연구 결과로도, 실제로도 조기교육이 유의미한 효과가 있다는 증거는 어디에도 없습니다. 반면 책 읽어주기의 효과는 마음 놓고 믿어도 될 만큼 충분히 훌륭합니다.

> "
> 마음껏 놀게 하고 하루에 한 번,
> 아이가 원하는 책을 재미있게 읽어주기.
> "

영유아 독서 지도 시 주의할 점 3가지

1. 스스로 읽기를 시키지 마세요

한글을 일찍 배웠다고 해서 스스로 읽기를 시키면 아이는 독서를 힘들어하고 싫어하게 됩니다. 아이 스스로 읽는 것을 말릴 필요는 없지만 부모님이 스스로 읽기를 시키지는 마세요.

2. 읽어야 할 독서 목록을 만들지 마세요

'시기별로 반드시 읽어야 할 책' 같은 것은 없습니다. 그저 아이가 재미있어하는 책과 그렇지 않은 책이 있을 뿐이죠. 독서 효과가 가장 좋은 책, 독서를 지속 가능하게 하는 책은 아이가 직접 고른, 아이가 재미있어하는 책입니다.

3. 다른 아이와 비교하지 마세요

책 육아를 하다 보면 주위에서 꼭 우리 아이보다 뛰어난 아이를 발견하게 됩니다. 실제로 더 영특하거나 뛰어난 예도 있겠지만 대부분은 성장 속도가 조금 더 빠를 뿐입니다. 다른 아이와 비교해서 무리한 시도를 하기보다는 우리 아이의 성장 속도에 보폭을 맞춰주세요.

03.
책 읽어주기를 하면 어떤 점이 좋은가요?

저는 '책은 마음의 양식이다'라는 말을 좋아하지 않습니다. 관념적이고 모호해서 어디에 어떻게 좋다는 것인지 잘 와닿지 않는 데다, 하루에 세 끼 먹는 밥처럼 엄청나게 많은 책을 읽어야만 할 것 같은 오해를 불러일으키기 때문입니다. 그럼에도 독서의 전체 효용을 말할 때는 어쩔 수 없이 이 표현을 쓰게 됩니다. 독서의 효과가 미치는 범위가 매우 넓은 데다 양상도 다양해서 달리 더 구체적이고 명징하게 표현할 방법이 없으니까요.

책 읽어주기도 마찬가지여서 '상호작용(책-아이-부모) 과정에서 일어나는 총체적 발달 효과' 이상의 구체적인 표현은 찾기 힘듭니다. 다만 책 읽어주기의 효용 중에서 몇 가지는 구체적으로 설명해 드릴 수 있습니다. 전체 효용에 비하면 작은 부분이지만 이것들만 해도 만만찮게 매력적입니다.

① 생각의 확장

한 사람의 생각은 그 사람의 삶과 일상에 영향을 받습니다. 자신이 만난 사람, 겪은 일, 본 것 등 경험하는 세상을 재료로 생각을 펼치게 되니까요. 아직 어린 영유아는 그 범위가 더 협소해서 우리 가족, 우리 동네, 어린이집 같은 일상 안에서만 생각을 공글리기 쉽습니다.

책은 이런 일상의 한계, 생각의 한계를 앉은 자리에서 뛰어넘게 해줍니다. 책을 펼치는 순간 아이는 일상 밖의 세상을 만나게 됩니다. 집 거실에서 아마존에 사는 물고기와 곤충을 자세히 들여다볼 수도 있고, 1억 년 전의 지구에 살았던 온갖 종류의 공룡을 만날 수도 있습니다. 다른 나라, 다른 시대에 살았던 왕자와 공주, 난생처음 심부름 가는 또래 아이의 입장이 되어볼 수도 있습니다. 일상 속에만 머물렀다면 알 수 없었을 것들, 가보지 못한 시대와 나라, 맞닥뜨릴 일이 없었을 상황을 책으로 마주하게 되는 겁니다.

이 과정에서 아이는 다양한 생각을 합니다. '사마귀랑 베짱이는 초록색이네', '공룡이 눈앞에 있다면 정말 엄청나겠다. 근데 왜 다 사라진 걸까?', '물레는 왜 이렇게 생겼지?', '영국은 어디에 있는 나라야?', '혼자서 심부름 가면 진짜 떨리겠다'라는 식으로요. 사고의 폭이 일상생활의 경계를 넘어서는 것이지요. 여행이 그렇듯 책 속에서 만난 낯선 세상은 아이의 생각에 활기를 불어넣어 주고, 생각의 폭을 넓혀줍니다.

② 맥락을 짚어내는 힘

3, 4세 아이는 이야기를 잘 이해하지 못합니다. 어쩌다 책 내용을 물어보면 몇 번을 읽어준 책인데도 줄거리를 잘 모릅니다. 발달 단계상 이야기를 잘 이해하지 못할 때이기 때문에 이 시기의 아이들은 맥락을 이해하는 재미로 책을 읽는 게 아니라 재미난 그림을 들여다보거나 엄마 아빠의 연기, 책 속의 한 장면을 이해하는 재미로 책을 보죠.

책을 많이 읽어준다고 해서 3, 4세 아이가 이야기의 맥락을 파악할 수 있는 것은 아닙니다. 대신 상황을 맞닥뜨리고 이해하는 경험, 그 상황들이 이어지며 구성되는 맥락에 끊임없이 노출되지요. 아이가 이해하든 하지 못하든 책은 아이에게 끊임없이 맥락을 제시하고, 기승전결의 논리 구조를 파악하게 만듭니다. 이 거듭되는 경험 속에서 아이는 서서히 주인공이 처한 상황과 감정에 주의를 기울일 줄 알게 되고, 인물 사이의 관계도 이해하게 됩니다. 이야기를 즐기는 힘이 점점 강해지는 겁니다. 그렇게 계속 읽어주다 보면 아이는 이 논리 구조를 자유자재로 다룰 수 있을 정도로 이야기에 익숙해집니다. 깜짝 놀랄 정도로 멋진 이야기가 담긴 그림책 한 편을 뚝딱 만들어내기도 하고, 한 번 읽은 그림책의 줄거리를 술술 이야기해 부모를 놀라게도 만듭니다. 이야기를 이해하는 전용 프로그램 하나가 머릿속에 탑재되는 거죠.

기승전결의 논리 구조를 내면화한 아이는 책의 표지만 보고도 '주인공에게 이런저런 일이 일어나는 거 아닐까?' 예측하고, 책을 읽어가는 과정에서도 '이다음엔 이런 일이 일어날 것 같은데' 하고 짐작합니다. 아이의 예측이 맞고 틀리고는 중요하지 않습니다. 앞뒤 맥락이 있는 이야기를 구성하는 힘을 갖게 됐다는 것이 중요하지요.

책 표지만 봐도 이야기가 상상이 되니 읽어보고 싶은 책도 많아집니다. 또 자신이 읽고 있는 책의 이야기 구조, 즉 이야기의 뼈대를 아주 쉽게 파악하기 때문에 글을 읽는 동안 더욱 깊은 생각을 전개할 수도 있습니다. 주인공이 '겨울철에 위험한 길을 나섰다'라는 사실만 파악하는 게 아니라 그 길을 왜 나설 수밖에 없었는지, 주인공의 성격이 그 선택에 어떤 영향을 끼쳤는지, 나라면 어떻게 했을지 따위를 생각할 수 있게 됩니다. 아직 글을 읽지 못할 뿐 이미 뛰어난 독서가로서 핵심 능력을 갖춰가고 있는 거지요. 책 읽어주기를 통해서만 기를 수 있는 소중한 능력입니다.

③ 공감 능력과 표현력

책 읽어주기는 공연적 성격이 강합니다. 부모가 요란하게 연기를 해가며 책을 읽어주면 아이도 그 연기에 동참하기 마련입니다. 책을 읽다 말고 "내가 한번 해볼게" 하고 책 속 상황을 재현하기도 합니다. 겉으로 보면 노는 것일 뿐이지만 높은 수준의 지적, 정서적 능력을 요구하는 활동입니다. 이야기의 맥락과 상황, 등장인물의 심정을 깊이 이해할 수 있어야 하고, 그 이해한 것을 목소리와 표정, 몸짓으로 표현해야 하니까요. 그 자체가 높은 이해력과 공감 능력, 표현력을 증명하는 일이자 단련하는 일, 깊은 몰입의 독서 행위입니다.

④ 어휘력

어휘력은 초등학생 부모들의 주요 고민거리 중 하나입니다. 아이들이 교과서를 잘 이해하지 못하는 이유가 낮은 어휘력 탓이라는 분석도 많고요. 초등학생 단계에서 어휘력을 결정하는 것은 학습을 통해서 얻는 지식 어휘가 아니라 실생활에서 쓰는 생활 어휘입니다. '달구지', '더듬이', '관념', '참여' 같은 단어들을 얼마나 많이 아느냐가 그 아이의 어휘력을 결정하지요.

책 읽어주기는 이런 생활 어휘를 확장하는 가장 손쉬운 방법입니다. 어휘 관련 책이나 국어사전과 달리 소가 끄는 수레를 보고 소달구지를 알게 되고, 임금이 자리에 앉는 것을 보고 왕좌를 알게 되는 식으로 이야기의 상황 속에서 생활 어휘에 노출되기 때문에 훨씬 쉽고, 피부에 와닿게 어휘를 익힐 수 있습니다.

> "책 읽어주기는
> 생각과 마음의 힘을 길러주는
> 전천후 영양제!"

04.
책을 얼마나
읽어주어야 하나요?

강연을 다니다 보면 '책을 얼마나 읽어주는 것이 좋나요?'라는 질문을 많이 받습니다. 바빠서 많이 읽어주지 못하는 분은 적은 독서량 때문에 불안해서, 많이 읽어주는 분은 책 읽어주기가 버거워서 적정한 독서량을 궁금해하는 거죠.

'몇 시간이 좋다'라는 식의 정해진 답은 없습니다. 적정 독서량은 책 읽어주기의 당사자인 부모와 아이의 기질과 컨디션에 따라 달라지기 때문입니다. 부모와 아이의 집중도에 따라 어떤 날은 두 시간을 읽어주는 게 최적일 수 있고, 어떤 날은 안 읽어주는 게 최선일 수 있습니다.

아이가 원할 때 원하는 만큼 읽어주기

책을 읽어주기 가장 좋은 때는 아이가 먼저 '책 읽어주세요' 하고 요청할 때입니다. 이때가 아이가 가장 집중할 수 있는 시간, 적극성을 발휘할 수 있는 시간이니까요. 독서량도 마찬가지여서 아이가 즐겁게 집중력을 발휘할 수 있을 때까지 읽어주는 게 가장 좋습니다. 눈을 반짝이며 흥미롭게 듣던 아이가 어느 순간 집중력이 흐트러지거나 그만 읽고 싶다는 티를 내면 아이에게 '그만 읽을까?' 하고 물어보세요. 아이가 그만 읽고 싶다고 하면 읽어준 시간이 5분이든 한 시간이든 상관없이 멈추면 됩니다.

부모가 감당할 수 있는 만큼 읽어주기

문제는 아이가 원하는 만큼 읽어주는 것이 말처럼 쉽지 않을 때도 있다는 점입니다. 몇 시간을 읽어줬는데도 더 읽어달라고 조르는 꼬마 독서가도 꽤 많습니다. 아이가 원하는 만큼 읽어주느라 집안일이 산더미처럼 쌓이기도 하고, 부모가 성대결절을 앓는 웃지 못할 일이 벌어지기도 합니다. 부모도 책 읽어주기의 중요한 주체이기 때문에 이런 경우 반드시 감당할 수 있는 독서량을 설정할 필요가 있습니다.

"아빠는 ○○이와 함께 책 읽는 시간이 너무 좋지만 한 시간

이상 읽으면 목이 아파. 그러면 다음 날 못 읽어주게 되잖아. 그러니까 즐거운 독서를 위해 한 시간을 넘기지 않는 걸로 하자."

아이에게 이런 식으로 설명해 주는 거지요. 부모는 부모대로 책 읽어주기에 더 최선을 다할 수 있고, 아이는 아이대로 책 읽어주기 시간을 왜 정하는지 이해할 수 있습니다.

하루에 한 번 읽어주기

아이가 원할 때 읽어주는 것이 가장 좋습니다만 때로는 아이가 먼저 요구하지 않는 날도 있습니다. 그런 날은 그냥 넘어가지 마시고 부모님이 먼저 "책 읽어줄까?" 하고 제안해 보세요. 특별히 다른 무언가에 몰두해 있는 순간이 아니라면 대부분 아이가 이 제안에 흔쾌히 응합니다. 아이가 먼저 요청하는 날은 요청하는 대로, 그렇지 않은 날은 그렇지 않은 대로 '하루에 한 번은 읽어준다'라는 기준으로 임하면 됩니다. 이것만으로도 충분한 독서량과 튼튼한 독서 문화를 확보할 수 있습니다.

읽어주는 방법과 환경에서 개선점 찾기

간혹 책 읽어주기를 좋아하지 않거나 몇 권 읽지도 않았는데 금세 지루해하는 아이도 있습니다. 한두 번이면 모르겠는데 매번 이러면 부모는 고민이 되지요. 이럴 때 '하루에 몇 권', '하루에 몇십 분' 이런 식으로 양을 정해 책 읽어주기를 하면 오히려 부작용이 발생할 수 있습니다. 한 권을 채 다 읽어주지 못했다 하더라도 지루해하는 티가 나면 "다른 놀이 할래?" 하고 아이의 의견을 물어본 후 과감히 멈추는 것이 현명합니다.

대신 읽어주는 방식이 너무 단조로운 것은 아닌지, 아이가 재미없어하는 책을 읽어주고 있는 것은 아닌지, 책 읽어주기의 재미를 느낄 수 없을 정도로 텔레비전이나 스마트폰 등에 노출된 것은 아닌지를 점검해야 합니다. 영유아는 책 읽어주기를 좋아할 시기입니다. 그럼에도 지루해한다는 것은 다른 이유가 있는 거지요. 그 외부 요인을 찾아서 해결해야 문제를 풀 수 있습니다.

이상적인 독서량은 양의 문제이기에 앞서 질의 문제입니다. 많이 읽어줘도 부모와 아이가 함께 적극적으로 즐기지 못했다면 이상적인 독서량을 채웠다고 할 수 없습니다. 반면 하루에 삼십 분을 읽어줘도 집중해서 독서를 온전히 즐겼다면 충분한 독서를 했다고 할 수 있습니다.

아이와 부모 모두가 집중해서 즐겁게 책 읽어주기를 할 수 있는 시간. 딱 그만큼을 지키는 것이 중요합니다.

> "
> 부모와 아이 모두가 즐길 수 있는 만큼만
> 책 읽어주기.
> "

---

* <1부 16장 책 읽어준대도 싫다고 해요> 참고

책 읽어주는 시간 운영하는 법

책 읽어주는 시간을 꼭 정해야 하는 것은 아닙니다. 부모와 아이의 상황을 봐서 어떤 날은 아침에, 어떤 날은 저녁에 읽어주어도 괜찮습니다. 다만 각 가정의 상황에 맞게 지속 가능한 방법을 찾는 게 중요합니다.

아이가 요청할 때 읽어주기

부모의 상황만 허락한다면 아이가 "책 읽어주세요" 할 때 읽어주는 게 가장 좋습니다.

"책 읽어줄까?" 물어보기

부득이한 상황 때문에 아이가 요청할 때 못 읽어줬거나 아이가 읽어달라는 말을 하지 않는 날은 부모님 쪽에서 먼저 "책 읽어줄까?" 하고 물어보세요.

아이의 집중력이 흐트러지면 그만 읽기

10분을 읽어줬든 한 시간을 읽어줬든 아이가 지루해하거나 그만 읽고 싶은 티를 낼 때는 읽어주기를 흔쾌히 멈춥니다.

05.
어떤 책을 읽어줘야 하나요?

독서는 '내가 읽고 싶은 책을 골라 신나게 읽는 문화 활동'입니다. '어떤 책을 읽어줄 것인가?', '어떤 책을 읽게 할 것인가?'는 양육자의 영역이 아니라 아이의 영역이라는 뜻이지요. 스스로 책 고르기는 아이가 읽을 책이니 당연히 아이가 골라야 한다는 당위의 문제, 읽고 싶은 책을 읽어야 독서를 이어갈 수 있다는 지속 가능성의 문제를 훌쩍 뛰어넘을 만큼 중요합니다. 독서가의 핵심 능력은 책 읽는 능력이 아니라 책 고르는 능력, 자기에게 맞는 책을 알아보는 독서 감각이기 때문입니다. 당연합니다. 자신이 지금 몰입해서 읽을 수 있는 책을 알아보는 감각이 있어야 높은 질의 독서를 할 수 있고, 높은 질의 독서를 해야 독서 능력을 향상할 수 있으니까요.

자신에게 맞는 책을 알아보는 독서 감각은 스스로 책을 고르고 읽는 경험을 통해서만 키울 수 있습니다. 실패와 성공을 거듭하면서 서서히 향상되지요.

아이의 독서 목록을 디자인해 주면 생기는 일

많은 부모가 아이가 읽을 책을 대신 골라줍니다. 그래도 당장은 아무 문제도 발생하지 않습니다. 어떤 면에서는 골라주길 잘했다고 느껴질 수 있지요. 부모가 고른 책은 아이가 고른 책보다 객관적으로 더 좋은 책일 가능성이 높습니다. 지나치게 학습적인 내용만 아니라면 부모가 골라줘도 자기가 고른 책을 읽어줄 때와 별다를 바 없이 재미있어하는 경우도 많습니다. 모든 것이 순조롭게 느껴지지요.

하지만 속사정은 전혀 다릅니다. 아이의 책 선택권을 무시하는 것이 바로 독서의 첫 단추를 잘못 끼우는 결정적 순간이기 때문입니다. 부모가 골라준 책을 줄지어 읽는 과정에서 아이는 '독서는 정해준 책을 읽는 것'이라는 수동적 자세를 내면화합니다. 책을 구경하고 골라본 경험이 없으니 당연히 책에 대한 자기 나름의 판단 기준도 생기지 않습니다.

"이거 정말 좋은 책이야."

"이 책 재미있겠지?"

자신이 직접 살펴보고 고른 게 아니기 때문에 아이는 그 책이 다른 책에 비해 왜 좋은지, 왜 재미있는지 알 수가 없습니다. 부모님이 좋은 책이라니까, 재미있는 책이라니까 막연하게 그냥 그런가 보다 하고 말지요. 그런데도 문제가 발생하지 않는 이유는 아이들이 책 읽어주기라는 행위 자체를 좋아하기 때문입니다. 유달리 취향이 확고하고 자기 주관이 뚜렷한 아이가 아니라면 어떤 책이든 별 상관없이 즐겁게 듣습니다. 부모는 체계적인 계획에 따라 읽어야 할 책을 단계별로 '클리어'해 나가니 독서 지도가 승승장구하는 것처럼 느껴지지요.

문제는 스스로 읽기를 시작하는 순간 이런 승승장구도 함께 막을 내리게 된다는 점입니다. 그동안 부모가 정해주는 책을 즐겁게 읽을 수 있었던 이유는 책 읽어주기 자체가 좋았기 때문입니다. 그런데 스스로 읽기 단계에 접어들면 이 즐거움은 가뭇없이 사라집니다. 남은 것은 흥미롭지도 않은 책을 스스로 읽고 이해해야 하는 수고로움뿐이지요. 이 수고로움을 무릅쓰기 위해서는 내가 읽을 책에 대한 강력한 흥미와 기대감이 있어야 합니다. 부모님이 읽으라고 건네주는 책이 아이에게 흥미로울 수 있을까요? 어쩌다 한두 권은 재미있을 수 있겠지만 대개는 심드렁한 책일 수밖에 없습니다. 아이의 취향이 아니라 부모의 취향, 아니 부모가 생각하기에 필요한 책을 고른 것이니까요.

그래도 아이는 부모님의 기대에 부응하고 싶은 마음에 재미없고 싶은 책을 어떻게든 읽어보려고 노력합니다. 하지만 이 노력이 영원히 이어질 수는 없습니다. 빠르면 초등 1학년, 늦어도 초등 3학년이면 책을 손에서 놓게 됩니다.

"어릴 때 책 정말 많이 읽어줬는데 스스로 읽을 때 되니까 책 싫어할 아이는 싫어하게 되더라고요."

푸념하는 부모가 많은 데는 이런 속사정이 있는 거지요.

책을 싫어하게 타고난 아이, 책을 좋아하게 타고난 아이가 따로 있는 게 아닙니다. 그냥 재미있는 책 한 권을 만나 독서에 재미를 붙인 아이와 그렇지 못한 아이가 있을 뿐입니다. 부모가 골라주어도 재미있는 책 한 권은 만날 수 있습니다. 하지만 독서에 재미를 붙일 수는 없습니다.

'지난번에 읽었던 책 진짜 재미있었어. 그렇게 재미있는 책 또 어디 있을까.'

독서의 재미는 재미있는 책을 찾아다니는 여정 그 자체를 통해서만 얻을 수 있습니다.

아이에게 꼭 읽어줘야 할 책

패션 감각을 키우려면 많이 보고 많이 입어봐야 하는 것처럼 독서 감각을 기르려면 책 구경을 많이 하고 많이 골라봐야 합니다. 물론 답답한 순간도 있습니다. 책을 골라보라고 했더니 선뜻 고르지 못하고 시간만 보내기도 하고, 제 나이에 맞지 않는 책을 골라 오기도 하고, 못 고르겠으니 대신 골라달라고 떼를 쓰기도 합니다. 당연합니다. 아이는 이제 막 책을 접하기 시작한 초짜 독서가니까요.

신나게 고르고 신나게 실패하고, 그러다가 보물 같은 책 한 권을 발견하고. 이 과정을 거듭할 수 있도록 이끌어주세요. 시간 낭비처럼 보여도 책을 알아보는 안목, 독서 감각을 기르는 소중한 시간입니다.

거듭 말씀드리지만, 독서가에게 가장 중요한 능력은 글을 읽고 이해하는 능력이 아니라 '내가 지금 가장 재미있게 읽을 수 있는 책'을 알아보는 능력입니다. 이 능력이 아이의 독서 인생을 좌우합니다. 책 고르는 능력이 뛰어난 아이는 손끝이 예민한 병아리 감별사처럼 책 제목을 보고 1차 감별을 하고, 책을 훑어보는 것으로 2차 감별을 합니다. 그러다 느낌이 오는 책을 발견합니다.

'여기 숨어있었네.'

그 책은 여지없이 내가 몰입해서 읽을 수 있는 재미있는 책이지요. 재미있게 읽었으니 당연히 또 읽고 싶어집니다. 이것이 바로 독서가들이 책에 진심일 수 있는 이유, 뛰어난 독서 능력을 갖추게 되는 이유입니다. 지금 당장 부모가 생각하는 좋은 책 한 권을 읽어주는 것과는 비교도 안 될 만큼 중요한 능력이지요.

어떤 책을 읽어줘야 하느냐고요?

"○○아. 읽고 싶은 책 골라 와."

도서관 서가에서, 가정에서 이렇게 말해주세요. 그러면 아이는 읽고 싶은 책을 잔뜩 안고 올 겁니다. 부모 성에는 차지 않는 책일 수 있습니다. 그래도 괜찮습니다. 그 책이 바로 우리가 읽어줘야 할 책, 아이를 진짜 독서가로 성장시키는 책이니까요.

> "
> 어떻게 하면 책 고르기를
> 더 잘 도와줄 수 있을까?
> 어떻게 하면 책 고르는 능력을
> 길러줄 수 있을까?
> "

'책 고르기' 북돋워 주기

책을 고르는 능력은 '책을 구경하고, 고르고, 읽는 과정'을 통해 성장합니다. 그러려면 책 고르기를 즐기는 마음이 무엇보다 중요하지요. 사소한 말 습관, 배려에 조금만 신경 써보세요. 아이에게 책 고르기를 즐기는 마음을 선물할 수 있습니다.

"네가 읽고 싶은 책이 중요하지"
아이가 책을 고를 때나 평소 책에 관해 이야기할 때 '네가 읽고 싶은 책이 좋은 책'이라는 태도를 유지해 보세요. 그것만으로도 아이는 자신의 취향을 스스로 존중할 수 있게 됩니다.

아이가 고른 책에 긍정적으로 반응하기
아이가 선택한 책이 별로일 것 같은데도 재미있겠다는 식으로 거짓 반응을 하라는 뜻이 아닙니다. '네가 이번에는 또 어떤 책을 골랐을까. 정말 기대되고 궁금해'라는 마음이 느껴지게 아이가 선택한 책에 관심을 보이면 됩니다. 왜 그 책에 흥미가 갔는지, 그 책을 어떻게 발견하게 됐는지 등을 물어볼 수도 있고, 평소에 잘 고르지 않았던 종류의 책을 선택했다면 흥미의 변화 자체에 반응해 줄 수도 있습니다.

재미있는 책을 골랐을 땐 환호해 주기
"책 고르는 솜씨가 점점 좋아지네."
"요즘 ○○이가 고른 책은 다 재미있다니까."
아이가 고른 책이 재미있을 때는 꼭 칭찬을 해주세요. 독서가의 자의식을 키울 수 있는 가장 쉽고 확실한 방법입니다.

06.
아이가 책 고르기를 어려워해요

앞서 말씀드렸듯 아이는 책 고르기 초보입니다. 시작하자마자 여러 문제가 발생하기 마련입니다. 선뜻 책을 고르지 못하고 무한정 도서관 서가를 맴돌기만 하는 아이도 있고, 책 표지조차 제대로 살펴보지 않고 아무 책이나 덥석덥석 골라 낭패를 보는 경우도 있습니다. 이럴 때 아이를 돕는 것이 바로 부모의 역할입니다.

책 고르기의 핵심은 여러 책을 살펴보고 검토하는 데 있습니다. 책 표지도 제대로 보지 않고 손 닿는 대로 집어 드는 것은 책 고르기가 아닙니다. 이럴 때는 도서관 서가에 오래 머물 수 있도록 유도하는 게 중요합니다. 아이가 책 선택을 끝냈든 말았든 신경 쓰지 말고 부모님은 부모님이 읽을 책을 찾아보세요. "나 다 골랐어" 아이가 말하면, "아빠는 아직 다 못 골랐어. 책 구경하고 있으렴" 이렇게 말해주면 됩니다.

물론 처음에는 빨리 가자고 보챌 수도 있고, 먼저 나가서 놀겠다고 할 수도 있습니다. 그래도 괜찮습니다. 우리는 아이와 함께 수없이 많이 도서관을 찾을 것이고, 아이에게는 그만큼 많은 기회가 있습니다. 중요한 것은 자기가 읽을 책은 자기 스스로 고르는 것을 당연하게 여기도록 만드는 것, 부모가 직접 책 고르는 모습을 보여주는 것입니다.

도서관 활용하기

도서관의 장점은 장난감이 없고, 모든 책이 평등하게 서가에 진열돼 있으며, 돈이 들지 않는다는 점입니다. 책을 담을 가방과 도서 대출증만 있으면 되니 책 고르기를 하기에 이보다 좋은 곳이 없죠.

기본 원칙은 세 가지입니다. 첫째, 아이 스스로 책을 고른다. 둘째, 책을 구경할 충분한 시간을 준다. 셋째, 책은 가능한 한 많이 빌린다.

물론 도서관 방문을 많이 해보지 않았거나 그동안 부모님이 책을 골라줬다면 아이는 책 고르기를 어려워할 수 있습니다. 영유아실에 엉거주춤 서서 쭈뼛거리거나 서가의 책을 들여다보기는 하는

데 좀처럼 읽을 책을 고르지 못하기도 합니다. 아예 "못 고르겠어" 하고 도움을 요청할 수도 있죠. 도서관이 아직 영 낯설고 어색해서 그렇습니다.

이럴 때는 부모님이 아이와 함께 책을 고르면 됩니다. 도서관 서가 한쪽에 앉아서 책등의 제목을 죽 훑어보다가 흥미가 가는 제목의 책을 몇 권 뽑아보는 겁니다. 그리고 아이가 흥미를 보일 법한 요소를 짚어줍니다. "《이건 상자가 아니야》라고? 어허, 어딜 봐도 상잔데 상자가 아니면 뭐라는 거지?" 이렇게 제목을 언급할 수도 있고, "어머나. 이 토끼 너무 귀엽다" 하고 그림을 보여줄 수도 있습니다. 부모님이 이렇게 먼저 책을 뽑아서 훑어보면 아이도 자연히 그 책을 들여다보게 됩니다. 이런 식으로 여러 권의 책을 꺼내 보여준 후 이렇게 물어보세요.

"자, 이 다섯 권 중에 마음에 드는 거 있어? 한 권만 골라봐."

이렇게 몇 번만 하면 아이는 자신이 재미있을 것 같은 책을 고르면 된다는 것, 재미있을 것 같은 책이 꽤 많다는 것을 깨닫게 됩니다. 그리고 이내 스스로 책을 고를 수 있게 되죠.

반드시 구매해야 할 책

도서관에서 빌려온 책을 읽어주고, 반납하고, 다시 빌려와 읽어주는 것. 이것이 독서 문화를 향유하는 가장 기본적인 방식입니다. 이

---

*《이건 상자가 아니야》 앙트아네트 포티스 글·그림, 베틀북

렇게 독서 생활을 이어나가다 보면 이내 두 가지 중요한 사실을 발견하게 됩니다. 아이가 유독 좋아하는 책이 있다는 것, 유독 좋아하는 분야가 있다는 것이죠.

"무슨 책 읽어줄까?" 하고 물어봤을 때 하루도 빠지지 않고 들고 오는 책, 반납 기한이 다가오는 것을 아쉬워하는 책을 발견했다면 그 책은 아이에게 사주세요. 소장해야 할 책은 좋은 책이 아니라 두고두고 거듭해서 읽을 책입니다.

아이가 같은 책을 거듭 읽는 것, 한 분야를 선호하는 것을 문제라고 생각하는 분이 많은데 전혀 그렇지 않습니다.** 오히려 책을 잘 읽고 있다는 증거입니다. 같은 종류만 읽어달라고 하든, 같은 책만 읽어달라고 하든 아이가 원하는 책을 읽어주세요. 다만 다른 분야의 책을 접할 기회를 주는 것은 좋습니다. 열 권의 책을 빌린다고 했을 때 한두 권 정도를 부모님이 고르면 됩니다. 단, 그렇게 고른 책을 읽어줄 것인가 말 것인가는 아이의 선택에 맡겨주세요. 아이가 관심이 가서 들고 온다면 읽어주면 되고, 그렇지 않다면 구경한 것으로 만족하면 됩니다.

> "
> 책을 골라주지 말고
> 고를 수 있도록 도와주세요.
> "

** <1부 13장 같은 책만 계속 읽어달라고 해요>, <1부 14장 한 분야의 책만 읽으려고 해요> 참고

책 고르는 능력 길러주기

책 고르는 능력을 기르는 데는 왕도가 없습니다. 직접 가서 고르고, 고른 책을 읽어보는 것이 최선입니다. 도서관을 중심으로 독서 생활을 해보세요. 독서 문화를 만들어가는 가장 기본적인 방법이자 가장 좋은 방법입니다.

도서관을 중심으로 한 독서 생활 방법

도서관에서 책 고르기: 도서관에 갈 때는 '책 고르기를 하러 간다'라는 마음으로 책 구경을 할 충분한 시간을 주세요. 단, 아이가 머뭇거리거나 책 고르기를 어려워한다면 좋아할 것 같은 책을 찾아 제시하는 방식으로 책 고르기를 도와주면 됩니다.

부모가 골라주는 책: 열 권의 책을 빌린다면 한두 권 정도는 부모님이 고릅니다. 단, 아이가 읽어달라고 할 때만 읽어주세요.

좋아하는 책 구비하기: 아이가 매일 읽어달라고 들고 오는 책이나 다른 책보다 훨씬 재미있어하는 책이 있다면 그 책은 구매합니다.

07.
어떻게
읽어줘야 하나요?

스스로 읽는 독서는 글을 읽고 이해하는 과정이 핵심이지만 그림책 읽어주기는 책과 아이, 부모 사이의 상호작용이 핵심입니다. 아이의 집중력과 적극적인 반응, 참여를 끌어낼 수 있다면 어떤 방법으로 읽어줘도 무방합니다. 한마디로 정해진 방법이 없는, 지극히 자유로운 행위인 셈입니다.

다만 책의 종류별로 아이의 반응을 효과적으로 끌어낼 수 있는 기본적인 방법들은 있습니다. 책 읽어주기가 막연하다면 아래 방법을 참고해 보세요.

이야기가 있는 그림책*

이야기책 읽어주기는 일종의 연극입니다. 아이가 이야기에 푹 빠져들 수 있도록 감정을 듬뿍 실은 과장된 표정과 목소리로 연기력을 발휘해서 읽어주는 게 기본입니다. 적힌 대로 읽어줘도 되지만 배우가 대사를 자신의 연기 스타일에 맞게 수정하듯 부모님의 입말에 맞게 표현이나 어미를 바꿔 읽어주어도 무방합니다.

그런데 책을 읽어주다 보면 아이가 부모의 책 읽어주기를 멈추게 할 때가 종종 있습니다. 대표적으로 상황극을 들 수 있죠. 《의좋은 형제》를 읽어주고 있는데 아이가 갑자기 벌떡 일어나 "동생 집에 먹을 게 없을 텐데 이 쌀가마를 갖다줘야겠구먼. 우리 동생 굶으면 안 되지" 하며 베개를 짊어지고 오는 식이지요. 이럴 때는 부모님도 주저 없이 책을 내려놓고 베개를 집어 들어야 합니다. 상황극에는 상대 배역이 필요하니까요.

상황극은 지적, 정서적 능력이 필요한 행위입니다. 상황극을 하기 위해서는 이야기의 맥락과 상황을 정확하게 파악할 수 있어야 하고, 인물의 감정에 깊이 이입해야 하고, 심지어 그 감정을 연기로 표현해야 합니다. 지능과 감정, 입력과 출력이 동시에 일어나는 눈

---

* <이야기가 있는 그림책의 예>
《의좋은 형제》 이유정 글, 강민정 그림, 을파소
《고릴라》 앤서니 브라운 글·그림, 비룡소
《방귀쟁이 며느리》 신세정 글·그림, 사계절

부신 순간이지요. 글을 계속 읽어야 한다는 생각을 내려놓고 적극적으로 상황극에 참여하면 됩니다.

책을 읽다 말고 자꾸 질문을 하거나**, 그림을 들여다보려고 할 때*** 도 마찬가지입니다. 아이의 관심이 흐르는 대로 보조를 맞춰주면 됩니다. 책 읽어주기의 효과를 극대화하기 위해서는 '이런 방법으로 읽어주는 게 좋아', '저렇게 읽어줘야 하는 거 아닐까?' 하는 형식 논리에서 벗어나 아이와의 호흡을 맞추는 데 집중하는 게 무엇보다 중요합니다. 아이는 이야기 자체에 집중하고 싶은데 상황극을 하려 하거나, 상황극을 하고 싶어 하는데 '일단 끝까지 읽자' 하고 계속 읽어주는 식의 엇박자를 내면 상호작용의 강도가 약해질 수밖에 없습니다. 부모는 '애드리브'가 넘쳐나는 이 즉흥 공연의 감독 겸 배우로서 또 다른 감독 겸 배우인 아이의 반응에 유연하게 대처하면 됩니다. 그래야 이 공연을 성공적으로 이어갈 수 있습니다.

어렵지 않습니다. 책을 읽어주는데 아이가 먼저 "아빠, 이 그림 속에 고릴라가 숨어있는 거 알아?" 또는, "내가 산신령 해볼게" 하고 반응을 보일 때는 책 읽기를 멈추고 자연스럽게 보조를 맞춰주세요. "어? 그러네. 고릴라 또 있나 찾아보자" 하고 함께 그림을 들여다보고, 나무꾼이 되어서 "흑흑. 내 도끼" 하고 함께 연기해 주세요.

그렇게 한바탕 놀고 적절한 때다 싶을 때 "그래서 어떻게 됐을

** <1부 8장 아이가 답해주기 어려운 질문을 해요> 참고
*** <1부 9장 그림부터 보려는 아이 때문에 책 읽어주기가 힘들어요> 참고

까나" 하고 다음 페이지로 넘어가면 됩니다. 아이가 아무 반응을 보이지 않더라도 재미있겠다 싶은 포인트를 발견하면 부모가 먼저 "오, 이 장면 재밌는데. 한번 해볼까?" 제안할 수도 있습니다. 아이가 흔쾌히 좋다고 하면 "자, 저쪽에 서봐. 네가 방귀쟁이 며느리고 내가 방귀쟁이 총각이야. 아빠가 먼저 방귀 뀐다" 하고 과장된 몸짓으로 방귀 뀌는 시늉을 하는 겁니다. 아이가 신나서 방귀쟁이 며느리 역할에 뛰어들면 성공이고, "아빠. 그냥 읽어줘. 어떻게 되는지 궁금해" 하면 "오케이. 알았어" 하고 이어서 책을 읽어주면 됩니다.

화보형 지식도서****

공룡, 자동차, 로봇, 자연 관찰 같은 정보를 다루는 화보형 지식도서는 글보다 그림이 주인 책입니다. 아이가 좋아하는 분야, 아이가 고른 책이라 하더라도 이런 책을 처음부터 끝까지 다 읽어주려고 들면 낭패를 보기 십상입니다. 딱딱한 정보성 글인 데다 글 양도 만만치 않으니까요. 그림이 주고 글이 보조 역할을 하는 책이기 때문에 책을 읽어주는 방식도 그림을 보는 것이 주가 되고, 글 설명은 보조인 방식을 취해야 합니다.

이런 책을 읽을 때는 아이가 흥미를 보이는 그림 위주로 발췌독을 해주는 것이 효과적입니다. 아이의 관심을 따라가되, 부모 쪽

**** <화보형 지식도서의 예>
《진짜 진짜 재밌는 공룡 그림책》 베로니카 로스 글, 브라이트 스타 그림, 라이카미
《요리조리 열어보는 화산과 지진》 에밀리 본 글, 바오 루 그림, 어스본코리아
《그때, 상처 속에서는》 김성은 글, 이수현 그림, 책읽는곰

에서 먼저 "너는 이 중에 어떤 공룡이 제일 마음에 들어?", "이 중에 제일 빠른 자동차가 뭘 것 같아?" 식으로 질문을 던지면 집중력을 좀 더 끌어올릴 수 있습니다.

"난 얘가 제일 좋아."

아이가 대답하면 좀 더 자세히 볼 수 있도록 연결해서 다른 질문을 던지는 것도 좋은 방법입니다.

"그래? 어떤 점이 좋은데?"

그러면 아이는 그 공룡이 왜 좋은지 생각하기 위해 한 번 더 그림을 들여다보게 됩니다.

"뿔이 멋있고 귀엽게 생겼어."

자기 나름의 생각을 정리해서 이야기해 주겠죠.

이렇게 아이가 흥미를 보이는 그림이 있으면 그때 그림을 설명하는 글을 읽어주세요. 적힌 그대로 읽어줘도 되지만 가능하면 "얘 이름이 트리케라톱스래. 크기가 무려 9미터나 된대. 그러니까 우리 집 차 두 대를 합친 거보다 더 큰 거야!"라는 식으로 내용을 파악해서 이야기를 들려주듯 하면 더 재미있게 읽을 수 있습니다.

글 없는 그림책[*****]

글 없는 그림책은 그림만으로도 내용을 전달할 수 있을 만큼 이야

[*****] <글 없는 그림책의 예>
《시간 상자》데이비드 위즈너 그림, 시공주니어
《파도야 놀자》이수지 그림, 비룡소
《눈사람 아저씨》레이먼드 브릭스 그림, 마루벌

기가 단순하고 명징한 경우가 많습니다. 대신 글이 없기 때문에 그림을 보고 상황이나 정서를 추측하는 놀이 형태로 읽어줘야 하는 책입니다.

"얘는 뭘 하고 있는 걸까?"

"바닷가에 놀러 갔어. 와, 좋겠다."

상황이나 등장인물의 감정에 대해 질문을 던지고 아이가 대답하는 식으로요. 또 없는 대사를 만들도록 유도할 수도 있습니다.

"얘 지금 뭐라고 혼잣말하는 것 같은데 뭐라고 했을지 궁금하네."

"혼자 노니까 심심해, 그러는 거 같은데."

글 없는 그림책은 이런 식으로 글이 있는 그림책과는 또 다른 지적, 정서적 활동을 할 수 있는 책입니다. 또 글 없는 그림책은 그림이 글 역할도 하기 때문에 그림에 더 공을 들이는 경우가 많습니다. 그림을 들여다보는 재미, 그림으로 할 수 있는 이야기도 그만큼 더 많습니다.

> "
> 그림책 읽어주기는 아이와 부모 사이의
> 상호작용이 핵심!
> "

이야기가 있는 그림책 읽어주는 법

영유아기의 책 읽어주기와 초등 이후의 스스로 읽기는 영화와 음악처럼 완전히 다른 유형의 독서입니다. 스스로 읽기가 전통적인 의미의 독서라면 영유아 책 읽어주기는 부모와 함께하는 한 편의 즉흥 공연이라고 할 수 있지요. 책 읽어주기를 잘한다는 것은 이 공연을 성공적으로 잘 이끈다는 뜻입니다. 공연의 성패는 아이의 참여도와 집중도를 얼마나 끌어올릴 수 있느냐에 달려있습니다.

없는 연기력까지 총동원해서 읽어주기
아이가 책 읽어주기를 얼마나 좋아하느냐는 부모의 연기력에 달렸다고 해도 과언이 아닙니다. 아무리 재미있는 책도 평범한 어조로 읽어주면 재미가 없고, 세상 재미없는 책도 뛰어난 연기력으로 읽어주면 얼마든지 재미를 느낄 수 있습니다. 등장인물의 특성에 맞게 목소리를 달리해서, 한껏 과장되게 읽어주세요. 이것만으로도 아이는 책 읽어주기 시간을 사랑하게 될 것입니다.

내 말맛에 맞게 바꿔 읽어주기
'책에 적힌 그대로 읽어줘야 하나요?'라는 질문을 의외로 많이 받습니다. 당연히 아닙니다. 배우가 대본을 자신의 연기 스타일에 맞게 부분적으로 바꾸는 것처럼 읽어주는 사람의 말맛에 맞게 바꿔서 읽어주면 됩니다.

책 읽어주기의 주도권을 아이에게 넘겨주기

책을 읽어주다 보면 아이가 질문을 던지거나 "내가 한번 해볼게" 하고 책 속 상황을 연기하려 하거나 그림을 들여다보는 등의 '딴짓'을 할 때가 있습니다. 반대로 부모가 던진 질문에 "그냥 계속 읽어줘" 하고 요구할 때도 있지요. 이럴 때는 아이의 반응에 따라주면 됩니다. 질문을 던지면 함께 대화하고, 연기를 하겠다고 하면 열렬한 관객이 되어주고, 그림을 들여다볼 때는 함께 그림을 들여다보는 식으로요. 이것이야말로 독서록, 독후감에 비할 바 없는 살아있는 독서 활동, 독후 활동이며, 진정한 슬로리딩이니까요.

화보형 지식도서 읽어주는 법

- 아이가 흥미를 보이는 그림 위주로 발췌독하기
- 관심을 보이는 그림은 간추려서 설명해 주기
- 아이가 궁금한 걸 물어볼 때는 함께 대화 나누기

글 없는 그림책 읽어주는 법

- 상황이나 정서를 추측하는 질문 던지기
- 대사 만들어보기
- 그림 구석구석에 숨은 요소 찾아내기

08.
아이가 답해주기 어려운 질문을 해요

아이들은 모르는 것도 많고, 궁금한 것도 많습니다. 그래서 책 읽어주기를 할 때도 이것저것 질문을 합니다. "소달구지가 뭐야?", "물레방아가 뭐야?"처럼 간단한 질문은 문제 될 것이 없습니다. 책 속에 나오는 이런 단어들은 그림으로 표현된 경우가 많아서 그림을 보면서 쉽게 설명해 줄 수 있습니다. 문제는 부모도 모르는 어려운 질문이나 가치관에 해당하는 질문을 할 때입니다. "가족은 같이 살아야 하는데 왜 이 사람은 공부한다고 집을 떠나?"라든가 "나는 손이 있는데 멍멍이는 왜 손이 없어?" 같은 것들 말이죠.

부모님이 답을 알든 모르든 이런 질문의 답을 아이에게 설명하기는 무척 어렵습니다. '공부를 해야 훌륭한 사람이 된다'라는 식의 답은 아이로서는 피부에 와닿지 않고, 적자생존, 자연선택 같은 개념을 동원해 척추동물의 진화 과정을 설명할 수도 없는 노릇이니까요. 지적, 정서적으로 아이의 수용치를 넘어서는 것들이지요.

이렇게 이해할 수 없는 설명은 오히려 아이의 호기심을 위축시킬 위험이 있습니다. 호기심은 자신의 눈높이에서 세상을 바라볼 때 생깁니다. 위인전 속 주인공이 공부를 위해 집을 떠나는 장면을 읽고 의문을 품을 수 있는 것은 '주인공은 공부를 위해 집을 떠난다 - 나라면 안 떠날 거다. 가족은 함께 살아야 하니까 - 그런데 주인공은 떠난다. 왜 그럴까?'라는 사고 과정을 거쳤기 때문입니다. 위인전 속 상황을 자기의 관점으로 바라본 거죠. 나는 손이 있는데 멍멍이는 왜 손이 없느냐는 질문도 마찬가지입니다. '멍멍이는 손이 없다 - 나에게는 손이 있다 - 멍멍이는 왜 나처럼 손이 없는가'라는 사고 과정을 거친 것입니다. 이렇게 눈높이에 맞는 질문을 던졌는데 이에 대한 설명이 아이로서는 도무지 이해할 수 없는 내용입니다. 그러면 아이는 '이해는 안 가지만 그런가 보다' 하고 넘어가게 됩니다. 이런 일이 반복되면 어느 순간부터는 궁금증이 생겨도 '뭔가가 있겠지', '그냥 그런가 보다' 하고 말게 되지요. 호기심이라는 연약한 싹이 시들고 마는 겁니다.

이럴 때는 아이가 생각을 펼칠 수 있도록 역질문을 던지는 것이 가장 좋습니다.

"생각해 보니 진짜 그러네. 네 생각은 어때? 왜 그런 것 같아?"

그러면 아이는 어떤 식으로든 대답할 것입니다.

"공부가 엄청 좋아서 그런가? 공부가 너무 재미있는 거지."

"공부를 꼭 할 필요가 있었던 거 아닐까. 가족을 떠날 만큼 공부가 필요했던 거야."

여기서 핵심은 아이의 답이 맞고 틀리고가 아니라 아이의 눈높이에서, 아이 스스로 생각을 전개하는 것입니다. 이때 부모가 해야 할 일도 정답을 찾아주는 게 아니라 아이가 인과관계에 맞게 생각을 펼치도록 돕는 것입니다.

"오, 그럴 수도 있겠다. 그런데 말이야. 아빠는 여행을 좋아하지만, 여행을 가기 위해 가족이랑 떨어져서 살 것 같지는 않거든."

"진짜. 나도 놀이공원 좋아하지만, 엄마 아빠랑 같이 사는 게 더 좋아."

이런 식으로 그 주제에 관해 이야기를 나누는 거죠.

결론 없이 대화가 끝날 수도 있고, '공부를 해서 성공하려고', '손이 있는 것보다 발이 네 개인 것이 더 빨리 달릴 수 있어서' 하는 식으로 사실과 거리가 먼 결론에 도달할 수도 있습니다. 그래도 괜찮습니다. 말씀드렸듯 자기 눈높이에 맞게 생각을 전개해 보는 경험을 갖는 것이 중요하니까요.

유대인의 교육법으로 유명한 하브루타가 바로 이렇게 대화를 통해 생각하는 힘을 기르는 활동입니다. 한국에서 나고 자란 우리 어른들이 아이에게 따로 하브루타 교육을 하기는 어렵습니다. 우리 자신이 하브루타 교육을 받지 않았으니까요. 하지만 아이가 이렇게 먼저 질문을 던질 때는 쉽고 간단하게 하브루타를 할 수 있습니다.

아이가 긴 설명이 필요한 질문을 던지면 아이에게 되물어보는 것으로 대화를 시작해 보세요. 이 대화를 통해 아이는 자기 눈높이에서, 자신만의 생각으로 세상을 이해해 보는 경험을 할 수 있습니다.

> "아이가 어려운 질문을 던질 때는
> 책 대화를 나눠보세요."

책 대화하기의 기본 요령

책 대화는 말 그대로 대화입니다. 반드시 해야 하는 의무 사항도 아니고, 정해진 방법이 따로 있지도 않습니다. 책을 읽어주다가 기회가 생기면 아이와 즐겁게 대화한다는 가벼운 마음으로 임해보세요. 아이에게 책을 깊이 읽는 경험을 선사할 수 있습니다.

아이의 질문에 답하기

책 대화를 하기 가장 좋은 때는 아이가 질문을 할 때입니다. 답이 필요한 질문일 때는 답을 알려주고, 대화가 필요한 질문일 때는 대화를 나눠주세요.

역질문 던지기

아이의 질문 중에는 설명하기 힘든 것도 많습니다. 부모님이 답을 모르는 질문일 수도 있고, 답을 안다 하더라도 아이가 이해하기 힘든 질문도 있습니다. 그럴 때는 '너는 어떻게 생각해? 왜 그럴 것 같아?'라고 역질문을 던져보세요. 그러면 아이가 자기 나름대로 답을 낼 텐데 그 답에 적절한 반응을 해주면 됩니다. 정답이냐 아니냐와 별개로 아이의 답이 이치에 맞다면 "오, 그럴 법하다", "듣고 보니 그럴 것 같아"라고 수긍해 주고, 이치에 맞지 않는 부분이 있다면 "이런 부분은 말이 안 되지 않아?", "그러면 이럴 땐 어떻게 해?"라는 식으로 다시 질문을 던지는 거죠. 이 과정에서 아이는 논리적으로 생각하는 법을 깨우칠 수 있습니다.

아이의 반응 살피기

책 읽어주기든, 책 대화든 가장 중요한 것은 아이의 적극성입니다. 집중력이 흐트러지거나 지루해하는 기색이 보이면 책 대화를 멈추고 책 읽어주기로 돌아오세요.

> **어려운 단어가 나와도 질문하지 않아요**
> 그림책의 어려운 어휘는 대부분 '서까래', '물레', '더듬이' 같은 보통명사입니다. 그리고 이런 어휘는 그림이나 사진으로 표현된 경우가 많지요. 어려운 어휘가 나왔는데도 아이가 질문하지 않는다면 부모님 쪽에서 먼저 질문을 던져보세요. 함께 그림을 찾는 것만으로도 아이의 어휘력이 금세 향상됩니다.

09.
그림부터 보려는 아이 때문에
책 읽어주기가 힘들어요

성인에게 독서는 '글을 읽고 이해하는 행위'입니다. 그래서 그림책을 읽어줄 때도 은연중에 그림보다 글을 더 중요하게 여기게 됩니다. 그런데 그림책은 이름처럼 그림과 글이 모두 중요한 책입니다. 그러니 아이가 그림에 관심을 보이며 질문을 던지거나 말을 거는 것은 책의 형태에 맞는 올바른 독서 방법인 셈이지요. 아이가 그림에 관심을 보이면 당연히 적극적으로 호응해 주어야 합니다. 그림을 들여다보느라 책 한 권을 읽는 데 시간이 너무 많이 걸리거나 심지어 끝까지 읽어주지 못한다고 하더라도요.

"아빠, 여기 봐봐. 이 그림에 이상한 게 있어."

아이가 그림에서 뭔가 발견해서 질문을 하거나 말을 걸면 함께 그림을 들여다보며 대화를 나누면 됩니다. 정해진 방법도 없고, 더 좋은 방법도 없습니다. 아이가 흥미를 보이는 그림, 부모가 발견한 그림 속 요소로 그냥 재미있게 대화를 나누면 됩니다. 아이가 그림에 관심을 가지지 않는다면 부모님 쪽에서 먼저 그림 대화를 걸어보는 것도 좋습니다.

글에는 있는데 그림에는 없는 것, 그림에는 있는데 글에는 없는 것

그림책으로 대화하기를 이어가다 보면 자연스레 요령도 쌓이고 노하우도 생깁니다. 누가 가르쳐주지 않아도 다양한 방법으로 재미있게 대화를 나눌 수 있게 되죠. 그럼에도 그림 대화를 하는 한 가지 팁을 소개한다면 저는 '글에는 없는데 그림에만 표현된 것 찾아보기'를 꼽고 싶습니다.

예를 들어《이슬이의 첫 심부름》*이라는 그림책을 읽는다고 해보겠습니다. 첫 장면에서 글은 엄마가 다섯 살 이슬이에게 우유를 사 오라고 심부름을 시키는 내용을 담고 있습니다. 그림도 이에 맞게 엄마가 주방에서 이슬이에게 말을 거는 모습입니다. 그런데 글

---

*《이슬이의 첫 심부름》쓰쓰이 요리코 글, 하야시 아키코 그림, 한림출판사

에는 설명이 없던 요소들이 그림에는 있습니다. 가스레인지 위에서 김을 내뿜고 있는 주전자와 냄비, 그리고 뒤쪽 침대에 누워있는 아기입니다. 이 요소들을 이용해 퀴즈를 내듯 질문을 던져보는 겁니다.

"지금 이 집에 몇 명이 있을까?"

아이는 이슬이에게 동생이 있다는 사실을 발견하게 됩니다.

"이 집에는 세 명이 있어."

별것 아닌 것 같지만 아이는 이 과정에서 '글에 없는 설명이 그림에 숨어있을 수 있다'라는 사실 하나를 깨닫게 됩니다. 자연히 다른 책을 읽을 때도 '그림에 숨어있는 게 없나?' 하는 자세로 그림을 유심히 들여다보게 되지요.

그림을 통해 등장인물의 심리를 유추하는 질문도 던질 수 있습니다.

"엄마는 왜 어린 이슬이한테 심부름을 시킬까? 너무 어리잖아. 나라면 심부름 안 시키고 직접 갔을 텐데."

아이의 눈에 끓는 냄비와 동생이 들어옵니다.

"엄마는 지금 밥하느라 바빠서 그래. 동생도 돌봐야 하고."

아이는 김을 뿜는 냄비와 주전자를 통해 엄마가 지금 요리하느라 바쁘다는 것, 어린 동생을 돌봐야 한다는 것을 유추할 수 있습니다.

글만 읽으면 단순히 엄마가 이슬이에게 심부름을 시키는 내용입니다. 하지만 그림을 이해하고 나면 이슬이에게는 갓난 동생이 있다는 것과 이슬이에게 심부름을 시킬 수밖에 없는 엄마의 상황을 이해할 수 있습니다. 책을 좀 더 세세하고, 입체적으로 읽게 되는 거지요.

그림책 작가들은 그림 속에 이야기를 이해할 수 있는 단서뿐만 아니라 재미있는 요소도 많이 숨겨둡니다. 등장인물의 심리에 따라 전체 색감이 흑백이었다가 컬러로 바뀌기도 하고, 한 개여야 할 문손잡이를 두 개 그려놓기도 하고, 숨은그림찾기처럼 뜻하지 않은 무엇인가를 그림 속에 숨겨놓기도 합니다. 이렇게 작가가 걸어오는 장난에도 적극적으로 응해보세요. 그림책 읽기가 몇 배는 재미있어질 테니까요. 덤으로 타인의 마음을 읽어보는 경험과 예리한 관찰력도 기를 수 있습니다.

물론 그림을 보며 하는 책 대화가 매번 이런 방식일 필요는 없습니다. 그림에서 재미있는 요소를 찾아보고, 숨은 것들을 발견하는 것만으로도 충분합니다. 다만 기회가 될 때 한 번씩 이런 질문을 던질 수 있다는 거지요.

아이가 그림에서 뭔가를 발견했나요? 그렇다면 읽어주기는 잠시 뒤로 미루고 아이와 함께 그림을 들여다봐 주세요. 그림책은 원래 그렇게 읽는 책이니까요.

> "
> 그림책은 글과 그림을 함께 읽는 책.
> "

그림으로 책 대화하는 요령

글에는 언급이 없는데 그림에만 있는 요소 찾아보기

그림책 작가에게 그림은 글만큼 중요한 소통 도구입니다. 그래서 글에는 언급이 없는데 그림에만 표현된 요소가 많지요. 숨은그림찾기를 하듯 이런 요소들을 찾아내는 것만으로도 풍성한 책 대화를 할 수 있습니다.

'왜 이렇게 표현했을까?' 질문 던지기

그림책 작가는 표현 방법을 통해서도 자신이 전달하고 싶은 메시지를 전합니다. 총천연색으로 그리다가 갑자기 흑백으로 그린다거나 고양이가 쥐보다 큰데 특정 장면에서 쥐를 더 크게 그린다거나 하는 식으로요. 이렇게 눈에 띄는 표현을 발견했을 때 "왜 이렇게 그렸을까?" 하고 아이에게 물어보세요. 작가의 의도를 읽는 독서법을 재미있고 즐겁게 익힐 수 있습니다.

> **그림을 보고 자기 마음대로 이야기를 꾸며서 읽어요**
>
> 그림을 들여다보는 정도가 아니라 아이가 그림을 보고 아예 이야기를 지어낼 때도 있습니다. 이럴 때는 '책을 읽어줘야 한다'라는 생각을 내려놓고 아이가 지어낸 이야기에 적극적으로 호응해 주세요. 그림을 보고 이야기를 꾸며내는 것은 그림에서 단서를 찾아 이야기의 맥락을 만드는 고도의 지적 행위입니다. 이야기의 맥락을 짚어내는 힘, 창의력, 사고력, 표현력이 총체적으로 향상됩니다.

10.
아이가 책장을 너무 빨리 넘겨요

책 읽어주기를 하다 보면 아이가 성급하게 책장을 넘길 때가 있습니다. 한두 권 그러고 말 때도 있지만 어떤 날은 읽어주려는 모든 책을 획획 넘겨버리기도 하지요. 부모님으로서는 '내가 재미없게 읽어주나?', '아이 성격이 너무 급한 거 아닐까?' 하는 생각을 하게 되지만 대부분 이유는 따로 있습니다. 그냥 다음 페이지가 보고 싶은 거죠. 처음 읽어주는 책은 뒤에 어떤 그림이 나오나 궁금해서 보고 싶고, 여러 번 읽어준 책은 자신이 아는 뒷장의 그림을 빨리 보고 싶을 때가 있는 것이 아이들이니까요. 그래서 이렇게 책장을 성급히 넘길 때는 아이가 하는 대로 그냥 둬도 됩니다. 심지어 그날 읽어주려는 모든 책의 페이지를 획획 넘겨도 괜찮습니다. 책 읽어주기 시간에 책 구경을 하는 것이기 때문입니다. 책 구경을 실컷 하고 나면 자연히 책을 읽어달라고 합니다. 물론 몇 날 며칠을 연이어 그런다면 부모님의 도움이 필요하겠지만요.

책 구경하는 시간 갖기

성급하게 책장을 넘기는 아이의 손을 멈출 수 있는 가장 확실한 방법은 책을 읽어주기 전에 미리 책 구경을 하는 것입니다. 아이가 책을 들고 오면 바로 읽어주지 마시고, "어떤 책인지 한번 볼까?" 함께 책을 뒤적여보는 거죠. 이렇게 책 전체를 뒤적여보면 책을 읽어주는 동안 성급하게 책장을 넘기는 행동을 현저히 줄일 수 있습니다. 이미 한번 훑어봤으니 뒤 페이지가 궁금하지 않은 겁니다. 그런데 이렇게 해도 문제가 사라지지 않을 때가 있습니다. 실컷 책을 뒤적인 후에 "이 책 말고 다른 책 읽어줘" 하고 책을 바꿔가며 구경만 하는 경우입니다. 다음 페이지가 아니라 아예 다른 책이 궁금한 것이지요. 만약 아이가 이런 식으로 행동한다면 아예 혼자서 책 구경을 할 수 있는 시간을 주세요. 오늘 읽어줬으면 하는 책 몇 권을 골라 오게 한 후, "아빠 잠깐 할 일 있으니까 먼저 보고 있어" 하고 잠시 자리를 뜨는 것이지요. 그리고 아이가 다 살펴봤다 싶으면 그때 읽어주면 됩니다.

책 놀이의 중요성

사실 아이가 이따금 성급히 책장을 넘기거나 지금 읽어주는 책에 집중하지 못하고 다른 책을 보고 싶어 하는 것은 일면 당연합니다. 아이들의 흥미, 호기심은 어디로 튈지 모르는 고무공 같은 구석이 있으니까요. 특별히 집중력이 떨어지는 게 아니라 아이라는 존재의 특성 때문에 생기는 현상인 셈입니다.

영유아 자녀를 키우다 보면 아이가 서가 앞에 앉아 이 책 저 책 끄집어내서 책을 뒤적이거나 책을 블록처럼 쌓으며 노는 것을 볼 수 있습니다. 옆에서 보면 그저 노는 것처럼 보이지만 이런 책 놀이는 책 읽어주기 시간을 알차게 보낼 수 있게 해주는 꽤 유용한 활동입니다. 우리 집에 어떤 책이 있는지 탐색할 수 있고, 책 구경도 저절로 하게 되니까요. 당연히 책 놀이를 충분히 한 아이일수록, 책장을 자주 뒤적여본 책일수록 성급하게 페이지 넘기는 행동도 하지 않게 되고 집중도 더 잘합니다. 평소의 책 구경이 책 읽어주기 시간의 밀도를 높여주는 것입니다.

그렇다고 책 구경 시간을 정해 따로 시키라는 말씀은 아닙니다. 자연스러운 놀이를 강제로 시키는 것은 말이 안 되지요. 아이가 책 놀이를 할 때 긍정적인 태도를 보이는 것으로 충분합니다. 그것만으로도 조금씩 책 구경, 책 놀이를 하는 빈도가 늘어날 것이고, 빈도가 느는 만큼 성급하게 페이지를 넘기는 행동도 줄어들 테니까요.

> **책 구경하기, 책 놀이도
> 독서 생활의 중요한 한 부분입니다.**

11.
책 읽어줄 때 아이가 자꾸 딴짓을 해요

책을 읽어주다 보면 아이가 장난감을 갖고 놀거나 색종이 접기를 하거나 몸 놀이를 하는 등 책 읽어주기와 상관없는 행동을 할 때가 있습니다. 집중력이 흐트러진 것 같아 "책 그만 읽을까?" 하고 물어보면 귀로는 듣고 있다면서 계속 읽어달라고 합니다. 이럴 때는 어떻게 해야 할까요?

책 읽어주기에 집중하거나 딴짓을 하거나 둘 중 하나를 선택하도록 지도하면 됩니다. 선택권을 줬는데도 '딴짓을 하면서 듣겠다'

라고 고집을 부리면 책 읽어주기를 종료해야 합니다.

이렇게 해야 하는 첫 번째 이유는 계속 읽어줘 봐야 어차피 책 읽어주기의 재미와 효과를 누릴 수 없기 때문입니다. 부모님의 에너지와 시간이라도 아낄 수 있도록 책 읽어주기를 멈추고 어린이용 오디오북, 옛이야기 음원을 틀어주는 편이 훨씬 합리적이죠.

두 번째 이유는 집중을 못 하는 데 계속 읽어주는 것이 아이의 독서 습관을 망칠 위험이 있기 때문입니다. 집중하지 않는데도 계속 책을 읽어주면 아이는 책 읽어주기 시간에 딴짓하는 것을 당연하게 여기게 됩니다. 책을 읽어줄 때 딴짓하는 것이 습관이 될 수 있는 겁니다.

정리하면 이렇습니다.

아이가 '딴짓하지 않을 테니 읽어달라'라고 하면 읽어줍니다. 아이가 책 읽어주기보다 놀고 싶다고 말하면 흔쾌히 그러라고 말해줍니다. 딴짓을 하면서도 계속 책을 읽어달라고 한다면? 그건 안 된다고 분명하게 선을 긋습니다.

이것은 독서의 효과와 재미, 독서 습관을 넘어서는 원칙의 문제이고, 타인에 대한 존중의 문제입니다. 부모가 책을 읽어주는 것은 아이를 사랑하기 때문입니다. 그 사랑은 당연히 존중받아야 하고, 그 존중을 가르치는 것은 독서보다 훨씬 중요한 일입니다.

딴짓을 못 하게 했더니 책 읽어달라는 말을 안 하면 어떡하냐고요? 그건 또 다른 차원의 문제입니다. 딴짓을 못 하게 해서 그런 게 아니라 책 읽어주기를 재미없어하는 거니까요. 책 읽어주기를 재미없어하는 이유를 찾아내 그 문제를 개선해야 하지요.

> "
> 책 읽어주기 시간은
> 부모와 아이 모두가
> 존중받는 시간이 되어야 합니다.
> "

책 읽어주기 시간에 딴짓할 때 독서 지도 방법

딴짓을 하면서도 책을 계속 읽어달라고 할 때는 아이에게 한 가지를 선택하도록 해야 합니다. 아래 순서에 따라 실행해 보세요.

1. "책 그만 읽을까?"

책 읽어주기에 집중할 것인지, 책 읽어주기를 그만할 것인지 아이에게 물어봅니다. 어떤 선택을 하든 부담을 느끼지 않도록 흔쾌히 물어보는 게 포인트입니다.

2. 아이가 원하는 대로 해주기

그만 읽든 계속 읽든 아이가 선택하는 대로 해줍니다.

3. 단, 아이가 딴짓하는데 읽어주는 것은 금물

단, 아이가 딴짓을 계속하면서 읽어달라고 하면 '그건 안 된다'라고 분명하게 말해주세요.

12.
책을 읽어줬는데 아이가 내용을 기억 못해요

"헉, 그림자가 사라졌어. 웬디가 필요해."

아이에게 장난을 걸었더니 아이가 난생처음 듣는다는 표정으로 되묻습니다.

"웬디?"

"왜 피터 팬 그림자 꿰매준 애 있잖아. 기억 안 나?"

"웬디는 알지. 그런데 웬디가 그랬어?"

《피터 팬》을 못해도 세 번은 읽어준 것 같은데 아이가 영 기억을 못합니다. 그러면 부모는 '무슨 문제가 있나? 분명히 재미있어했는데 왜 기억을 못하지?' 의아한 생각이 들 수밖에 없습니다. 불안한 마음에 책을 읽어주다 말고 이렇게 물어보게 되지요.

"빨간 모자 말이야. 얘 어디 가는 중이었지?"

"숲."

"아니 숲은 지금 있는 곳이고 어디로 가고 있냐고."

"숲속?"

조금 전에 읽어준 부분인데 아이가 기억을 못합니다.

네다섯 살 아이가 책 내용을 잘 기억하지 못하는 것은 일반적이라고 해도 좋을 정도로 흔한 일입니다. 11개월 아기가 아직 걸을 수 있는 힘이 부족한 것처럼 아직 이야기의 맥락을 구성하는 힘이 부족한 시기이기 때문입니다. '엄마가 심부름을 시킨다', '숲을 걷는다', '늑대를 만난다' 같은 사건들 사이의 관계를 연결해서 생각하기 힘든 거지요. 할머니 집에 심부름하러 간다는 것은 알지만 심부름의 내용을 모르거나, 심부름 가는 건 아는 데 누구에게 가는지 모르는 식으로 불완전하게 이해하는 게 보통입니다. 아이에 따라, 읽어준 양에 따라 조금 더 빠르고 느리고의 차이만 있을 뿐입니다.

책을 읽어줄 때는 잘 기억하고 있나 테스트하거나 주위의 다른 아이와 비교할 필요 없이 그냥 재미있게 읽어주면 됩니다.

"그 화성에서 온 애 있잖아. 셀…… 뭐였더라?"

"셀미나잖아. 그리고 화성이 아니라 토성이야, 아빠."

함께 즐겁게 책을 읽다 보면 이렇게 아이가 부모보다 더 세세히 기억하는 날이 옵니다.

> "어릴수록 불완전하게 이해하는 게 당연합니다."

---

*《도리깽이 되고 싶어》 윤재인 글, 오승민 그림, 느림보

영유아 독서 체크리스트

영유아 독서 지도의 핵심은 '어떻게 책을 사랑하게 할 것인가'입니다. 책 선택, 책을 읽는 장소와 시간, 책을 읽어주는 방식도 여기에 맞춰야 하죠. 책 읽어주기의 재미와 즐거움을 극대화할 수만 있다면 전혀 도움이 되지 않을 것 같은 책도 상관없고, 책을 읽다 말고 연극을 해도 되고, 그림을 들여다보며 대화를 나눠도 되고, 같은 책을 수백 번 반복해서 읽어도 됩니다. 책 읽어주기가 아이에게 행복한 경험이 될 수 있느냐가 기준일 뿐 정해진 방법은 없는 셈입니다.

독서 지도가 잘 되고 있는지 점검해 보고 싶다면 아래 리스트를 확인해 보세요. 아래 질문에 대한 답이 모두 5점이 될 수 있도록 해보세요.

문항	1	2	3	4	5
아이가 먼저 책을 읽어달라고 한다.					
아이에게 책을 읽어주는 날이 일주일에 5일 이상이다.					
아이가 보고 싶은 책을 스스로 골라 온다.					
도서관에 가자고 하면 아이가 신나 한다.					
아이가 책 읽어주기를 너무 좋아해서 원하는 만큼 읽어주기가 힘들다.					

(1: 매우 그렇지 않다 | 2: 그렇지 않다 | 3: 보통이다 | 4: 그렇다 | 5: 매우 그렇다)

13.
같은 책만
계속 읽어달라고 해요

"아이가 읽었던 책만 계속 읽어달라고 해요. 어쩌면 좋죠?"

"책 읽자고 하면 같은 책만 들고 와요. 다양하게 읽을 수 있게 지도하는 방법 없을까요?"

교육 정보를 나누는 커뮤니티에 들어가 보면 같은 책만 읽어달라는 아이 때문에 고민을 토로하는 글을 어렵지 않게 볼 수 있습니다. 이런 게시글 밑에는 으레 '같은 책은 두 번만 읽어줘라', '읽은 책에 스티커를 붙인 후 스티커가 붙지 않은 책만 고르게 해라', '한

번 읽은 책은 책등이 보이지 않게 거꾸로 꽂아라' 같은 해법들이 댓글로 달립니다. 반복독서를 교정해야 할 문제 행동으로 여기는 분이 그만큼 많은 거지요.

《공부머리 독서법》에서 말씀드렸듯 반복독서는 말리면 안 됩니다. 천재들의 독서법으로 불리는, 가장 효과적인 독서법 중에 하나거든요.

읽을 때마다 새로운 의미를 발견한다

지금은 책을 한 번만 읽는 것을 당연하게 여기지만 원래 그랬던 것은 아닙니다. 중세 이전의 독서는 책의 내용을 외우는 것이었습니다. 언제든 책의 글귀를 떠올려 묵상할 수 있고, 책의 글귀를 내 생각의 재료로 사용할 수 있도록요. 지식이 쏟아져 나오기 시작한 르네상스 시대의 독서는 같은 주제의 책을 예닐곱 권 읽은 후, 그 내용을 자기만의 방식으로 공책에 정리하는 행위였고요.

오늘날의 독서가도 책을 외워야 한다거나 여러 권을 비교 검토하면서 읽어야 한다는 뜻은 아닙니다. 압축적이고 짧았던 옛날 책은 한 번 읽는 것만으로 책의 의미를 완전히 파악하기 힘들었습니다. 그 내용을 외워 시시때때로 묵상해야 그 뜻을 깊이 이해할 수 있었지요. 르네상스 시대, 근대는 새로운 지식과 사상이 쏟아져 나오던 시기였기 때문에 같은 주제의 책을 상호 비교하면서 읽을 필

---

*《공부머리 독서법》 312쪽, <반복독서: 위인들의 독서법>

요가 있었습니다. 효과적인 독서법은 이렇게 시대에 따라 변해왔고, 오늘날에는 깊이 몰입해서 정독하는 것이 가장 적합한 독서 방법이지요.

정독 과정에서 독자는 책 속에 담긴 생각을 이해하게 되고 그 결과로 독서의 재미와 효과를 얻게 됩니다. 하지만 한 번 정독하는 것만으로 책 속에 담긴 생각 전체를 장악하기 힘든 것 또한 사실입니다. 그 헛헛함 때문에 수많은 독서가가 반복독서를 하고, 필사와 초록을 합니다. 누가 그렇게 하라고 가르쳐줘서가 아닙니다. 정말 좋은 책, 사랑하는 책을 만나면 저절로 알게 되거든요. 내가 지금 이 책과 통성명을 했을 뿐이라는 것, 한 번 읽는 것만으로는 이 책의 진가를 알 수 없다는 것을요. 처음 읽었을 때 미처 발견하지 못했던 것을 두 번째 읽을 때 깨닫게 되고, 두 번째 읽을 때 꿈에도 몰랐던 것을 세 번째 읽을 때 알게 되지요. 정말 사랑하는 책을 만났을 때 독서가들은 거듭해서 읽으면서 책에 담긴 생각의 구조를 자기 것으로 만들어갑니다. 그 덕분에 전혀 다른 차원의 독서가로 성장하게 되고요. 아이들 역시 마찬가지입니다. 반복해서 읽으면 엄청난 일이 벌어집니다.

글쓰기를 통해 드러나는 반복독서의 효과

책을 한 번 읽어주면 아이는 책의 내용을 알게 됩니다. 그 책을 너무 좋아해서 열 번을 읽어주면 아이는 다음 페이지에 무슨 내용이 나오는지 훤히 꿰뚫게 되고, 백 번을 읽어주면 책을 통째로 외우게 됩니다. 실제로 이렇게 해서 책의 내용을 토씨 하나 빠트리지 않고 외우는 아이도 꽤 많습니다. 그 덕에 따로 배우지 않고 스스로 한글을 떼기도 합니다.

겉으로 보면 이미 아는 내용을 쓸데없이 반복해서 읽어주는 것처럼 보이지만 실제로 일어나는 일은 전혀 다릅니다. 외울 정도로 읽었다는 것은 그 책의 논리 구조와 문장 흐름을 내면화했다는 뜻입니다. 이 내면화가 얼마나 큰 위력을 발휘하는지는 초등 저학년 글쓰기 수업을 해보면 바로 알 수 있습니다.

초등 1, 2학년은 보통 200~400자 정도의 글쓰기를 합니다. 처음 써보는 글이니 당연히 모두 어려워합니다. 글감을 떠올리지 못해 분량을 못 채우는 아이가 있는가 하면 분량을 채웠다 하더라도 글의 구조가 엉망인 경우도 많습니다. 이 이야기했다가 저 이야기했다가 하는 식으로 내용 정리가 제대로 안 되는 겁니다. 당연합니다. 아직 사고 체계가 가다듬어지지 않았으니까요.

그런데 개중에 200자, 400자가 아니라 2,000자, 4,000자를 써 내는 아이가 있습니다. 분량도 분량이지만 읽어보면 내용이 더 놀랍습니다. 문단이 뭔지도 모르는 아이가 문단 구조에 맞게 물 흐르듯 글을 쓰고, 내용도 풍성하고 재미있습니다. 따옴표까지 써가며 눈앞에 상황이 펼쳐지듯 글을 풀어가는 솜씨에 부모님도 놀라고, 가르치는 저도 놀라지요. 푹 빠져서 글을 써놓고는 자기가 이렇게 긴 글을 썼다는 것에 아이 자신도 깜짝 놀랍니다. 이런 아이들의 부모님과 상담을 해보면 백이면 백 같은 말을 합니다.

"말도 마세요. 어릴 때 ○○○책을 너무 좋아해서 200번, 300번은 읽어줬을 거예요. 책이 너덜너덜해지고 찢어져서 같은 책을 세 번이나 샀다니까요."

같은 책을 수백 번씩 읽어주는 과정에서 그 책의 논리 전개 방식, 글의 진행 방식이 아이의 것이 되었고, 그렇게 몸에 밴 문장 진행 방식이 글을 쓸 때 자기도 모르게, 자동으로 튀어나온 겁니다.

이것은 단지 글을 잘 쓰게 됐다는 것만을 의미하지 않습니다. 생각의 흐름 자체가 원활해지고, 풍부해지고, 깊어진 것이니까요. 글을 쓸 때와 책을 읽을 때, 공부할 때는 물론 삶의 모든 국면 국면에서 발휘되는 전천후 능력이지요.

아이가 같은 책을 거듭해서 들고 오면 '옳다구나' 기쁜 마음으로 읽어주세요. 이 시기가 지나면 반복독서를 시키고 싶어도 못 합니다. 그리고 그렇게 거듭해서 읽은 책은 버리지 마시고 아이의 서가 첫 번째 칸에 꽂아주세요. 그 책이 바로 아이가 사랑했던 첫 번째 책, 아이의 첫 인생 책이니까요.

> "
> 반복독서는 천재들의 독서법,
> 기쁜 마음으로 거듭해서 읽어주세요.
> "

14.
한 분야의 책만
읽으려고 해요

아이에게 책을 읽어주다 보면 자연스레 아이의 취향을 발견하게 됩니다. 공주를 좋아해서 공주 책만 산더미처럼 뽑아오는 아이가 있고, 주야장천 공룡 책만 읽어달라는 아이도 있지요. 하루 이틀이면 모르겠는데 매번 같은 분야의 책만 읽으려고 하면 '이래도 괜찮은 걸까?' 의구심이 들기 마련입니다.

편독의 강력한 효과

흔히 한 분야의 책만 읽는 것을 '독서 편식'이라고 부릅니다. 음식을 골고루 먹어야 하는 것처럼 책도 골고루 읽어야 한다는 것인데, 독서가로서는 고개를 갸웃하게 되는 용어입니다. 누누이 말씀드렸듯 독서는 자기가 읽고 싶은 책을 읽는 문화 활동이니까요. 편독을 막는 것은 읽고 싶지 않은 책도 읽으라고 강요하는 것과 같습니다.

특정 기간으로 제한해서 보면 누구나 편독을 합니다. 세상만사에 관심이 많은 사람도 있겠지만 대부분은 시기별로 관심이 가는 분야가 달라지기 마련입니다. 심리학에 관심이 갈 때는 심리학책만 읽고, 소설에 관심이 갈 때는 소설만 읽게 되는 거죠. 얼마나 흥미가 가는 분야냐, 얼마나 집요한 성격이냐에 따라 그 분야에 머무는 기간이 다를 뿐입니다. 한두 달 머물고 말 수도 있고, 1, 2년을 머물 수도 있지요.

한 분야에 머무는 기간이 길고 열광하는 강도가 높을수록 강력한 학습 효과가 발생합니다. 민주주의에 관한 책을 1년 동안 머물러 읽으면 민주주의의 역사와 본질, 작동 원리에 대해 준전문가급 식견을 갖추게 되고, 한국사 책을 1년 동안 읽으면 해박한 한국사 지식을 갖게 되지요. 판타지 소설을 1년간 읽으면 판타지 소설의 특성과 구조, 판타지 세계의 상징을 손바닥 들여다보듯 꿰뚫어 볼 수 있습니다.

편독의 이런 효과를 얻기 위해 '기획 독서'라고 해서 한 분야를 집중해서 읽히는 독서 지도법, 독서 방법론도 있습니다. 하지만 결과는 대개 신통치 않습니다. 자기가 좋아서 하는 게 아니라 타인이 정한 분야를 읽다 보니 몰입도가 떨어지기 때문입니다. 책의 내용이 머리에 잘 들어오지 않는 거지요.

편독이 심한 꼬마 독서가들은 어떤가요? 그 많은 공룡의 이름을 좔좔 읊고, 이 공룡은 쥐라기 시대의 공룡이고, 이 공룡은 트라이아스기의 공룡이고, 어떤 특징이 있고, 어떤 종류고, 천적이 누군지 손바닥 들여다보듯 합니다. 6,500만 년 전에 지구로 떨어진 소행성 때문에 이 놀라운 동물들이 멸종했다는 것도 알지요. 영유아의 발달 단계에서 도저히 처리할 수 없을 정도의 정보량을 편독의 힘으로 처리해 냅니다.

공주 책을 좋아하는 아이도 마찬가지입니다. 공주 책을 좋아하는 아이는 공주의 패션, 그림의 색감에 민감합니다. 같은 공주 책이라도 더 예쁜 그림, 더 예쁜 색채의 책을 선호하죠. 이 과정에서 아이는 자기도 모르게 색감과 조형 같은 미적 감각을 기릅니다. 이야기 구조를 훤히 꿰뚫는 것은 기본이고요.

한 분야에 열광하는 아이는 그러지 않으면 도달할 수 없는 수준의 지적, 정서적, 감각적 성취를 이룹니다. 이렇게 기른 능력은 학습 과정에서도 고스란히 발휘됩니다. 공룡이라는 지식의 체계를 처리해 본 아이와 그렇지 않은 아이 중 누가 더 뛰어난 학습 능력을 갖추고 있겠습니까? 공주 책을 자세히 들여다보며 미적 감각을 기른 아이와 그렇지 않은 아이 중 누가 더 멋진 그림을 그려낼까요? 굳이 따져볼 필요도 없지요.

다양한 책을 읽어야 한다는 오해

기왕이면 다양한 책을 읽히고 싶은 마음은 이해합니다. 공룡도 알고, 민담도 알고, 역사도 알면 좋지요. 그런데 우리 아이들은 입력하는 대로 입력되는 로봇이 아닙니다.

"공룡 책 그만 읽고 오늘은 옛이야기 읽자."

"공주 책만 보면 안 돼. 다양하게 읽어야지."

아이가 어제까지 흥미진진하게 책을 읽을 수 있었던 이유는 그 책이 공룡 책, 공주 책이었기 때문입니다. 그런 아이에게 생활 동화나 역사책을 강요하면 어떻게 될까요? 즐거웠던 독서가 갑자기 억지로 해야 하는 숙제로 변하고 맙니다. 책을 읽을 때 반짝이던 눈은 빛을 잃을 것이고, 자발적인 독서를 이어가던 힘마저 잃게 됩니다. 더 나아가 자기 자신의 취향을 별것 아닌 것으로 여기게 되고, 독서라는 과정에서 자기 자신을 소외시키는 결과를 불러오지요.

저명한 천체물리학자 칼 세이건은 외계인 '덕후'였습니다. 미국 최고의 투자 전문가 워렌 버핏은 여덟 살 때부터 경제·투자·주식 책을 끼고 살았던 경제 '덕후'였습니다. 역사책을 즐겨 읽었던 윈스턴 처칠, 어릴 적 과학책을 탐독했던 마리 퀴리… 지독한 독서 편식의 시기를 거쳤던 오피니언 리더는 그 외에도 셀 수 없이 많습니다.

독서 편식을 막고 균형 잡힌 독서를 하는 것은 아이의 열정을 꺾고, 아이의 개성을 지우는 것과 다를 바 없습니다. 읽고 싶어 하는 책을 마음껏 읽어준다고 해서 아이의 관심사가 영원히 공룡 책, 공주 책에 머무는 것도 아닙니다. 시간이 지나면, 누가 뭐라고 하지 않아도 저절로 다른 분야의 책으로 넘어갑니다. 그리고 그 새로운 관심사에서 또 한동안 머물 겁니다. 그렇게 독서가의 삶을 살아가는 거죠.

아이의 취향을 소중히 여겨주세요. 아이가 읽고 싶어 하는 책을 마음껏 읽어주세요. 진짜 독서교육은 바로 거기서 시작됩니다.

"
독서 편식이 아니라 독서 취향.
"

꼬마 전문가 만들기

아이가 한 분야의 책만 읽어달라고 하는 것은 깊이 몰입할 수 있는 분야가 있다는 뜻입니다. 이럴 때는 아이가 그 분야에 몰입할 수 있게 '옳다구나' 하고 지원해 주어야 합니다. 집중력과 이해력이 가파르게 향상될 뿐 아니라 한 분야에 해박한 꼬마 전문가로 자라날 기회이기 때문입니다.

원하는 분야의 책 마음껏 읽어주기

아이가 원하는 분야의 책을 원하는 대로 읽어줍니다. 도서관에 비치돼 있는 책을 다 읽었는데도 흥미가 수그러들지 않는다면 관련 도서를 따로 구해서 읽어주거나 보다 높은 단계의 책을 읽어주세요.

관련 영상 시청, 박물관 가기

관심 분야의 영상을 보여주거나 관련 박물관 견학, 관련 완구 선물하기 등 그 분야에 대한 아이의 열정에 기름을 부어줄 방법을 강구해 보세요.

15.
전집은 어떻게 활용하면 좋을까요?

 도서관 영유아실을 둘러보면 전집이 영유아 독서에서 얼마나 큰 부분을 차지하는지 알 수 있습니다. 창작 그림책은 단행본이 많지만 자연 관찰, 전래동화, 한국사, 그리스·로마 신화처럼 전체 콘텐츠 양이 방대한 주제는 대부분 전집으로 출간됩니다. 이처럼 전집은 영유아 독서 생태계의 중요한 한 축을 담당하고 있지요.

다만 전집 독서를 할 때는 세심한 주의가 필요합니다. 전집이 나쁜 책이어서가 아니라 전집 특유의 구매 형태가 뜻하지 않게 책 선택권을 침해하는 결과를 불러올 가능성이 크기 때문입니다.

책 선택권을 어떻게 지켜줄 것인가?

전집은 육아 관련 커뮤니티나 지인의 추천, 전집 판매원의 설명을 듣고 구매하는 경우가 많습니다. 책 구매의 목적 자체가 교육적이기 때문에 아이의 의사가 반영되기 어렵습니다. 전집을 사기 전에 아이에게 "이 전집 어때?"라고 물어본다고 해도 결과는 별다르지 않습니다. 이럴 때 아이들은 별생각 없이 그냥 좋다고 해버리기 십상이니까요.

이렇게 아이의 의사와 상관없는 책이 한꺼번에 열 몇 권, 많게는 수십 권이 서가의 한 자리를 차지하게 됩니다. 아이가 이 책들 모두를 빠짐없이 흥미로워할 가능성은 매우 낮습니다. 며칠 동안은 호기심에 이 책 저 책 뽑아보겠지만 대개는 이내 심드렁해집니다. 자기 취향에 맞는 책 몇 권이라도 좋아하면 그나마 다행이지요. 비싼 돈을 들여 구매한 전집이 그대로 방치되는 것을 막으려면 강제력을 동원할 수밖에 없습니다.

"1권부터 5권까지 뽑아와."

이렇게 읽을 책을 지정해 주게 되는 것입니다.

이것이 전집 독서가 불러오는 문제입니다. '오늘은 어떤 재미난 책을 읽어볼까?' 기대감으로 가득해야 할 독서 시간이 정해진 책을 읽는 의무의 시간으로 바뀌어버리니까요. 이런 방식의 독서는 책을 대하는 아이의 마음을 훼손하는 결과를 불러옵니다.

아이가 몇 살이든 독서 지도를 할 때는 집안의 서가를 작은 서점이라고 생각해야 합니다. 부모님이 이 서점의 주인이고, 아이는 이 서점을 찾는 유일한 고객입니다. 서점 주인이 원한다고 해서 고객이 원하지 않는 책을 강제로 팔 수는 없습니다. 선택은 고객이 하는 거고, 고객의 선택을 받지 못하는 책은 그냥 두는 것 말고 다른 방도가 없습니다. 강제로 팔려고 들면 고객은 서점에 발길을 끊을 테니까요.

'무슨 일이 있어도 아이의 책 선택권은 침해하지 않는다.'

전집 독서를 할 때는 이런 결심이 필요합니다. 이것만 지키면 전집이 아이의 독서에 해를 끼칠 일은 없습니다. 아니, 아이에게 맞는 선택만 한다면 오히려 독서의 지평을 넓히는 훌륭한 선택이 될 수 있습니다.

도서관 책으로 좋아하는 분야 찾기

전집의 모든 책을 읽고 또 읽느냐, 몇 권만 읽고 마느냐는 순전히 어떤 전집을 선택하느냐에 달려있습니다. 가장 확실한 방법은 아이의 취향에 꼭 맞는 전집을 들이는 것입니다. '아이가 자동차 마니아인데 자동차 전집을 사줬더니 다 읽더라', '식물을 좋아해서 자연관찰 전집을 사줬더니 보고 또 보더라' 하는 경우처럼 아이가 마니아급 취향을 가졌다면 아주 쉽게 성공할 수 있습니다.

열광하는 분야가 없다면 바로 전집 구매에 나설 게 아니라 도서관을 이용해 아이의 취향을 찾아보는 것도 좋은 방법입니다. 평소처럼 아이가 책을 고르게 하되 두세 권 정도씩만 부모님 선택으로 도서관에 있는 전집 몇 권을 빌립니다. 그리고 책 읽어주기 시간에 빌려온 전집을 구경시켜 주세요. 흥미를 보이지 않는다면 넘어가고, 흥미를 보이면 읽어주면 됩니다. 그리고 아이가 얼마나 재미있어하는지, 다음 책 읽어주기 시간에 같은 종류의 책을 또 찾는지 등을 살핍니다. 이렇게 아이의 흥미를 미리 탐색한 후 흥미를 보이는 분야의 전집을 선택하면 실패 확률을 확연히 줄일 수 있습니다.

실패 확률이 낮은 전래동화와 명작동화

전래동화와 명작동화 전집은 실패 확률이 낮습니다. 오랜 세월 살아남은 이야기인 만큼 이야기 자체가 힘이 있는 데다 낯선 배경, 마법이나 도술 같은 흥미로운 요소가 가득해서 대부분 아이가 좋아합니다. 물론 이런 종류의 전집조차 처음에는 자신의 취향에 맞는 책 몇 권만 반복해서 읽지만, 시간이 지나면 손이 가지 않던 책도 자연스레 읽게 됩니다. '전래동화, 명작동화는 다 재미있던데 그럼 이것도 재미있지 않을까?' 하는 식으로 분야에 대한 신뢰가 생기기 때문입니다.

> "돈이 아깝더라도 억지로 읽히기는 금물."

실패를 줄이는 전집 독서 지도법

책 선택권을 지켜주세요

독서 지도의 제1원칙은 아이의 책 선택권을 지켜주는 것입니다. 전집에 포함된 모든 책을 읽히기 위해 아이의 책 선택권을 제한하지 마세요. 이 원칙만 지켜도 전집 독서의 부작용을 완전히 차단할 수 있습니다.

아이의 관심 분야로 접근해 보세요

아이가 열광하는 분야가 있다면 그 분야의 전집을 구비해 보세요. 열정적인 꼬마 독서가의 탄생을 목격하게 될 것입니다.

실패 확률이 낮은 전래동화, 명작동화

전래동화, 명작동화는 대부분 아이가 좋아하는 장르입니다. 실패 확률이 낮습니다.

> **낡은 가치관이 포함된 동화는 어떻게 읽어줘야 하나요?**
>
> 전래동화나 명작동화를 읽어주다 보면 요즘 현실에 맞지 않는 낡은 가치관 때문에 신경이 쓰이는 경우가 있습니다. 목숨을 바치는 효심이나 가부장적인 성 인식, 계급 의식 등이 그렇지요. 아이에게 옛날이야기라는 점, 지금은 다르다는 점만 분명히 알려주세요. 그것만으로도 낡은 가치관의 영향을 차단할 수 있습니다. '옛날에는 그랬구나', '지금과 다른 사고방식이 있었구나' 하고 시대의 차이를 체감하는 기회가 될 수도 있지요.

16.
책 읽어준대도 싫다고 해요

영유아는 책 읽어주기를 좋아하는 시기입니다. 그럼에도 아이가 책 읽어주기를 거부한다면 다음 중 어디에 해당하는지 점검해 보세요.

한글을 너무 일찍 깨친 아이

한글을 일찍 깨친 아이 중에 "혼자 읽을 수 있어" 하고 고집을 부리는 경우가 있습니다. 혼자서 책을 읽을 수 있다는 것을 부모님에게 보여주고 싶은 것입니다. 이 경우 스스로 읽기를 허용하되 읽어주는 시간을 따로 가질 필요가 있습니다. 스스로 읽기와는 다른, 읽어주기만의 효용이 있기 때문입니다.

"아빠는 ○○이한테 책 읽어주는 게 좋은데. 하루에 한 권이라도 읽어주면 안 될까?"

아이에게 부탁해 보세요. 아이가 스스로 읽지 못해서가 아니라 어디까지나 부모가 원해서 읽어주는 것입니다. 그러면 아이는 '나도 읽을 수 있어', '나 잘 읽어' 하는 자부심을 지키면서 엄마, 아빠에게 선심도 쓸 수 있습니다. 더불어 책 읽어주기의 효용과 사랑받고 있다는 행복감도 충분히 누릴 수 있습니다.

부모님의 연기력

책 읽어주기에 있어서 부모님의 연기력은 기본입니다. 제아무리 재미있는 이야기도 무미건조한 목소리로 읽어주면 세상 재미없는 이야기가 돼버립니다. 아이가 책 읽어주기를 싫어한다면 가장 먼저 부모님의 연기력을 점검해 보세요.

독서에 참여하는 부모의 태도

아이들이 책 읽어주기를 좋아하는 데는 여러 가지 이유가 있지만 그중 가장 큰 것은 부모님의 사랑과 관심을 한껏 느낄 수 있다는 점입니다. 늘 바쁜 엄마 아빠가 책을 읽어줄 때만큼은 나에게 온전히 집중해 줍니다. 나를 위해 우스꽝스러운 목소리로 연기를 하고, 내 생각에 귀 기울여주고, 나를 꼭 안아줍니다. 그리고 내가 좋아하는 책을 함께 좋아해 주죠. 일상생활 속에서 하는 다른 활동 중에 이런 정도의 충족감을 주는 활동은 찾기 힘듭니다. 그러니 책 읽어주기를 좋아할 수밖에요.

그런데 부모님이 책 읽어주기 시간을 좋아하지 않고 의무감으로 읽는 게 느껴진다면 어떨까요? 아이에게 책 읽어주기는 좀 슬프고 쓸쓸한 일이 될 겁니다. 책 읽어달라는 이야기도 잘 안 하게 되고요.

부모님이 책 읽어주는 시간을 좋아한다는 것을 아이가 느낄 수 있도록 일부러 티를 내보세요. "저번에 읽었던 그 책 진짜 재밌었는데" 하고 지나간 책 이야기를 해도 좋고, 같이 읽었던 책 속 캐릭터 흉내를 내면서 가벼운 장난을 걸어도 좋습니다. 물론 밝은 표정과 신나는 목소리로 "○○아. 책 읽어줄까?" 하고 먼저 이야기하는 것은 기본이고요.*

부모가 책을 읽어주고 싶어 하고 즐거워한다는 것을 아이가 느낄 수 있게 해주세요.

재미없는 책을 선택했을 때

영유아기가 제아무리 책 읽어주기를 좋아하는 시기라 해도 읽어주는 책이 너무 재미없으면 책 읽어주기 시간을 싫어할 수밖에 없습니다. 독서의 기본은 독자가 원하는 책을 읽는 것입니다. 아이가 원

---

* 책 읽어주기 방법은 <1부 7장 어떻게 읽어줘야 하나요?> 참고

하는 책, 아이가 흥미를 보이는 책, 아이가 좋아할 것 같은 책을 읽어주세요.

아이가 직접 고른 책이라고 해도 재미없어하면 아이에게 의사를 물어보고 다른 책을 읽어주면 됩니다. 아이는 아직 책 고르기 초보자니까요.

독서 환경

아이가 책 읽어주기를 싫어하게 되는 또 다른 요소로는 독서 환경이 있습니다. 주변 환경이 독서에 집중할 수 없는 상황은 아닌지 점검해 보세요.

부모님이 책을 아무리 재미있게 읽어줘도 태블릿, 스마트폰, 텔레비전이 주는 자극적인 재미를 이기기는 쉽지 않지요. 아이가 디지털 기기의 재미에 너무 깊이 빠지지 않도록 신경 써주세요. 독서뿐 아니라 아이의 마음과 일상을 지키는 출발점이 됩니다.

"
책 읽어주기를 싫어하는 아이는 없어요.
"

아이가 책 읽어주기를 싫어할 때 점검 포인트

발달 단계의 특성상 영유아는 책 읽어주기를 좋아할 수밖에 없습니다. 예쁜 그림과 흥미로운 이야기, 부모의 관심과 스킨십, 직접 참여하는 연극적 요소 등 영유아가 좋아할 만한 많은 요소가 다채롭게 포함돼 있으니까요. 그럼에도 종종 책 읽어주기를 싫어하는 영유아가 있는데, 책 선택과 부모의 연기력 문제가 아니라면 십중팔구 환경과 습관의 문제입니다. 평소 텔레비전을 틀어놓는 습관이 있거나 아이의 평균 동영상 시청 시간이 너무 긴 것은 아닌지, 아이가 보챈다고 쉽게 스마트폰을 쥐여주거나 디지털 기기 사용에 지나치게 허용적인 것은 아닌지 점검할 필요가 있습니다. 현재 디지털 기기, 텔레비전 시청 시간을 확인한 후 목표를 정해 점진적으로 줄여나가 보세요.

항목	현재 시간	목표 시간
아이의 일평균 텔레비전 시청 시간		
아이의 일평균 디지털 기기 사용 시간		
아이가 집에 있을 때 텔레비전이 켜져 있는 시간		

17.
영유아 스마트폰 지도는 어떻게 해야 하나요?

사실 '영유아 스마트폰 지도'라는 말은 형용모순적인 면이 있습니다. 영유아는 지도할 스마트폰을 갖고 있지 않기 때문입니다. 스마트폰을 가진 것은 아이가 아니라 부모이고, 결정권도 전적으로 부모에게 있습니다. 아이가 스스로 판단해서 스마트폰을 사용하는 게 아니라 부모의 판단에 따라 사용하게 된다는 거죠. 식당에서 음식을 기다릴 때, 집안일을 할 때, 지인을 만날 때 방해받지 않기 위해 스마트폰을 쉽게 쉽게 내어주면 아이는 그만큼 스마트폰을 자주 쓰게 되고, 중독 위험도 그만큼 높아집니다. 반면 아이의 칭얼거림과 방해에도 부모가 내어주지 않으면 아이는 스마트폰을 구경조차 할 수 없습니다. 다른 어떤 변수도 없는, 입력과 출력이 명확한 세계지요.

방법은 단순합니다. '스마트폰 사용 금지' 원칙을 세웁니다. 이 원칙을 아이에게 알려줍니다. 아이와 함께 있을 때는 가능한 한 부모님도 스마트폰을 들여다보지 않습니다. 이렇게만 하면 스마트폰으로부터 영유아 자녀를 지킬 수 있습니다.

영유아기에 반드시 마련해야 할 스마트폰 원칙은?

"부모가 자녀를 위해 최우선으로 해주어야 할 일 하나를 꼽으라면 저는 스마트폰이 아이의 성장기를 해치지 못하도록 막아주는 것을 꼽겠습니다."

강연장에서 제가 자주 하는 이야기 중 하나입니다. 스마트폰에 대해 이렇게 강경한 태도를 보이게 된 이유는 교육 현장에 있으면서 스마트폰의 악영향을 너무나 생생하게 목격했기 때문입니다. 중학교, 고등학교로 진학하면서 성적이 곤두박질치는 아이의 배후에는 여지없이 스마트폰이 있습니다. 스마트폰을 어릴 때 가진 아이일수록, 사용 시간이 긴 아이일수록 스마트폰의 악영향을 더 크게 받았지요. 학생 전체를 놓고 봐도 그렇습니다. 제가 강사 생활을 하는 동안 해를 거듭할수록 스마트폰을 가진 아이가 늘어났고, 늘어난 만큼 아이들의 평균 문해력도 떨어졌습니다. 기초언어능력 평가

점수가 전반적으로 하락하고, 책의 내용을 파악하지 못하는 아이가 급증했습니다.

스마트폰의 특징을 생각해 보면 이런 현상이 일어나는 것은 지극히 당연합니다. 문해력 향상은 독서와 생각에 따라 결정됩니다. 책을 좋아해서 자주 읽는 아이일수록, 호기심이 많아 논리적인 생각을 길고 집요하게 하는 아이일수록 문해력이 높습니다. 그런데 스마트폰은 양자 모두에게 치명타를 입힙니다. 독서, 생각, 스마트폰은 한 사람의 문화 생태계에서 정확히 같은 위치를 공유합니다. 세 가지 모두 잠자리에 들기 전에, 시간이 남을 때 틈틈이 하는 활동이니까요. 잠자리에 들기 전에 스마트폰을 하면 독서를 할 수 없고, 틈틈이 스마트폰을 하면 곰곰이 생각하는 시간이 줄어들 수밖에 없습니다. 스마트폰이 독서와 생각을 증발시키는 역할을 하는 것입니다.

아이러니하게도 디지털 업계의 종사자들은 자녀의 디지털 기기 사용을 앞장서서 제한합니다. 마이크로소프트 창업자 빌 게이츠는 자녀가 14세가 되기 전에는 스마트폰을 사주지 않았습니다. 스마트폰을 사주고 나서도 저녁 식사 시간 전에 반납하게 했다가 다음 날 아침에 돌려주는 것을 원칙으로 했습니다. 사실상 14세 이후에도 스마트폰 사용을 통제한 것입니다. 디지털 기술의 메카인 실리콘밸리의 최고 명문 학교는 초등부터 고등까지 디지털 기기 사용을 철저히 금지하는 월도프 학교Waldorf School입니다. 이 학교에서는 스마트폰 사용을 금지하는 것은 물론 리포트조차 손으로 써서 작성하게 합니다. 월도프 학교는 실리콘밸리에서 명문대 진학률이 가장 높은 학교입니다.

아이의 성장기를 스마트폰으로부터 보호해 주고 싶으신가요? 그렇다면 지금 해야 할 일은 스마트폰에 대한 확고한 입장을 세우는 것입니다. 스마트폰이 아이에게 미치는 영향을 충분히 고민하고 알아보는 거죠. 그리고 아이가 "스마트폰 몇 살 때 사줄 거야?"라고 물어올 때 그 확고한 입장을 알려주면 됩니다.

"애들은 스마트폰 쓰면 안 돼. 어른 되기 전에는 안 사줄 거야."

그리고 이유를 찬찬히 설명해 주는 거지요.

초등학교에 들어가 스마트폰을 가진 친구를 보면 보통의 아이는 '쟤는 있는데 나는 왜 없어?' 하고 억울한 감정이 들기 마련입니다. 자연히 강하게 떼를 쓰게 되지요. 그런데 부모의 확고한 입장을 이미 알고 있는 아이는 '쟤는 스마트폰이 있네. 나는 사달라고 해봐야 어차피 안 되겠지?' 하고 반쯤 체념하게 됩니다. 요구를 하더라도 강도가 한층 약할 수밖에 없습니다.

영유아기는 스마트폰 지도의 방향을 잡는 중요한 시기입니다. 이 시기에 첫 단추를 잘 끼워야 스마트폰이 진짜 문제가 되는 초등 고학년, 청소년기를 잘 넘길 수 있습니다.

> " 스마트폰으로부터 아이의 성장기를 지켜주세요. "

스마트폰 지도 원칙 세우기

영유아기에 스마트폰 통제만큼 중요한 것이 스마트폰에 대한 지도 원칙을 세우는 것입니다. 이 원칙을 얼마나 잘 세우느냐가 초등 고학년, 청소년기의 스마트폰 사용을 좌우하기 때문입니다.

스마트폰 지도 원칙 합의하기

다른 모든 지도가 그렇지만 스마트폰 지도는 특히 양육자 간의 합의가 중요합니다. 엄마는 스마트폰 금지 원칙을 세웠는데 아빠가 '초등 5학년 때 사주겠다'라고 해버리면 그러잖아도 어려운 스마트폰 지도가 더 어려워집니다. 스마트폰 지도에 대해 충분한 대화를 나누고 원칙을 공유하세요.

"아이들은 스마트폰 쓰면 안 돼. 어른 되면 사줄 거야"

아이에게 스마트폰을 사줄 의사가 없음을 명확히 밝힙니다. '이것이 우리 집의 바뀔 수 없는 원칙'이라는 단호한 태도로, 칼로 무 자르듯 분명하게 밝히는 게 핵심입니다.

스마트폰을 금지하지 못하는 이유

스마트폰 없이 학교생활을 할 수 있을까?
지금 당장은 스마트폰이 필요 없지만 초등 고학년, 청소년이 되면 스마트폰을 사줄 수밖에 없다고 생각하는 부모님이 많습니다. 교우 관계는 물론 학교에서도 메신저를 많이 사용하기 때문입니다. 그런데 이런 문제들은 시간을 정해 컴퓨터를 사용하게 해주거나 메신저만 되는 단말기를 장만해 주는 식으로 얼마든지 대안을 찾을 수 있습니다.

스마트폰이 없으면 자존감이 낮아지지 않을까?
스마트폰이 없다고 주눅 들고, 스마트폰이 있다고 기가 산다면 그것이야말로 자존감이 낮은 것입니다. 부모님의 교육철학 때문에 안 사주는 것이지 형편이나 여건이 되지 않아서 못 사는 것이 아닙니다. 자존감과 아무 상관없습니다.

시대 흐름에 뒤처지지 않을까?
스마트폰이 없어서 스마트폰을 사용할 줄 모른다고 생각하면 오산입니다. 초등 고학년이 되면 주위 친구들이 스마트폰을 다 갖고 있으니까요. 스마트폰 없는 초등 고학년, 청소년이 스마트폰을 가진 어른보다 스마트폰을 더 잘 다룹니다.

18.
오디오북을 들려주는 것은 괜찮은가요?

"영유아 자녀에게 오디오북을 들려주고 있는데요. 오디오북도 부모가 읽어주는 것과 같은 효과가 있을까요?"

그림책 읽어주기의 핵심은 부모와 자녀의 상호작용, 교감에 있습니다. 그런데 오디오북은 일방적으로 책의 내용을 들려주기 때문에 책 읽어주기와 같은 상호작용과 교감이 발생하지 않습니다.

성인이 오디오북을 듣는 것도 마찬가지입니다. 오디오북 듣기는 글을 읽고 이해하는 행위가 아니라 음원을 청취하는 행위입니다. 내용을 알게 된다는 점은 독서와 같을 수 있지만 읽고 이해하는 과정에서 발생하는 독서 특유의 효과는 발생하지 않습니다.

EBS 다큐멘터리 <당신의 문해력>에서는 태블릿에 담긴 줄글, 오디오북, 동영상으로 각각 정보를 습득했을 때 뇌의 반응이 어떻게 다르게 나타나는지 확인하는 실험을 했습니다. 그 결과 오디오북을 듣거나 동영상을 볼 때는 활성화되지 않았던 전전두엽이 줄글을 읽을 때는 크게 활성화되었지요. 전전두엽은 언어, 기억, 의사결정처럼 고차원적인 사고를 담당하는 부분입니다. 이 실험은 책을 읽는 것이 소리를 듣거나, 동영상을 보는 것과는 다른 차원의 활동이라는 것을 보여줍니다.

즉, 오디오북으로 일반 독서나 그림책 읽어주기와 같은 효과를 기대하기는 어렵다는 뜻입니다. 그렇다면 오디오북 듣기는 아무 의미 없는 활동일까요? 그렇지는 않습니다. 독서는 아니지만 특성에 맞게 잘만 쓰면 독서 생활의 보조 수단으로 얼마든지 활용할 수 있습니다.

영유아 오디오북 활용하기

부모님이 직접 읽어줘도 적극적인 상호작용을 하기 힘들 때도 있습니다. 잠들기 직전 아이의 머리맡에서 조용하고 나긋나긋하게 읽어줄 때가 대표적입니다. 어차피 연극을 하거나 책 대화를 나눌 수는

* <당신의 문해력 - 5부 디지털 시대, 굳이 읽어야 하나요?> 2021년 3월 22일, EBS

없기 때문에 이런 읽어주기는 오디오북으로도 일정 정도 대체할 수 있습니다. 또 바쁜 일이 생겨 며칠 연속으로 책을 읽어주지 못할 때, 그리스·로마 신화처럼 한 번에 다 읽어주기 힘든 긴 시리즈의 책을 아이가 읽고 싶어 할 때도 오디오북이 훌륭한 대타 역할을 해줄 수 있습니다. 책 읽어주기를 주로 하되, 오디오북을 보조 도구로 활용하는 거지요.

성인 독서에 오디오북 활용하기

부모님은 오디오북을 어떻게 활용할 수 있을까요?

아이든, 성인이든 책을 읽으려면 책 구경을 해야 합니다. 일단 무슨 책이 있는지 알아야 읽고 싶은 책도 생기기 때문입니다. 책 구경은 상당한 시간과 노력이 필요한 일인데, 오디오북이 이 부담을 상당 부분 덜어줄 수 있습니다.

오디오북의 가장 큰 장점은 따로 시간을 내지 않고도 책의 내용을 접할 수 있다는 점입니다. 출퇴근길이나 집안일을 할 때 라디오를 듣듯 오디오북을 들으면 되니까요. 책의 내용을 음원으로 미리 듣고 그중 흥미가 가는 책을 발견하면 그 책을 도서관에서 빌리거나 사서 읽으면 됩니다.

이런 방식은 지금껏 책을 멀리한 분에게 특히 도움이 됩니다. 책에 대한 흥미도를 쉽게 끌어올릴 수 있는 데다 대략적이나마 책의 내용을 미리 파악할 수 있어서 책을 훨씬 쉽게 읽을 수 있으니까요. 오디오북 서비스 플랫폼에서 월정액제 등 다양한 요금제를 선택할 수 있고, '미리듣기'를 활용하면 무료로 책의 일부분을 들을 수 있어서 경제적인 부담도 크지 않습니다.

> " 오디오북 청취는 독서가 아니라 독서의 보조 도구. "

오디오북 활용법

라디오 청취나 다큐멘터리 시청이 독서가 아니듯 오디오북 청취도 독서는 아닙니다. 당연히 오디오북이 책 읽기를 대체할 수는 없지요. 다만 그 특성에 맞게 독서의 보조 수단으로 활용할 수 있습니다.

잠자리의 이야기 친구, 영유아 오디오북

영유아 책 읽어주기의 핵심은 다채로운 상호작용에 있습니다. 상호작용이 불가능한 오디오북이 그 역할을 대신할 수는 없지요. 단, 잠자리에 들었을 때 이야기를 들려주는 역할은 훌륭하게 해낼 수 있습니다.

책 검토를 대신해 주는 성인 오디오북

독서의 가장 기본적인 효용은 글을 읽고 이해하는 행위 그 자체에서 나옵니다. 오디오북을 듣는다고 해서 문해력이나 사고력이 향상되는 것은 아닙니다. 대신 읽을 책을 찾고 검토하는 역할은 해줄 수 있습니다. 틈틈이 오디오북을 듣다가 좋은 책을 발견하면, 그 책을 구해서 읽으면 되지요.

펜 형태의 상호작용형 콘텐츠를 사용하는 것은 괜찮은가요?

아이가 책에 직접 펜을 갖다 대면 음원이 나오는 형식의 동화 콘텐츠 역시 오디오북과 마찬가지로 책 읽어주기를 대체할 수 없고 책 읽어주기 효과를 기대하기도 힘듭니다. 책 읽어주기와는 전혀 다른 활동이기 때문입니다. 또한, 지원하는 책이 한정적이기 때문에 책 선택에 제한이 생길 수 있다는 점도 고려해야 할 부분입니다. 독서의 영역이 아니다 뿐이지 이런 콘텐츠 자체가 해로운 건 아니어서 아이가 장난감처럼 가지고 노는 것은 괜찮습니다.

19.
영상으로 동화를 보여줘도 되나요?

디지털 기술이 발전하면서 영유아를 위한 다양한 독서 콘텐츠들이 나오고 있습니다. 그중 가장 대표적인 것이 책을 영상으로 보여주는 콘텐츠입니다. 영상 동화는 그림책을 그대로 옮겨놓은 일종의 영상 구연동화라는 점에서 애니메이션과 차별화됩니다. 그렇다면 이런 영상 동화를 시청하는 것이 책 읽어주기와 유사한 효과를 낼 수 있을까요?

 책 읽어주기의 핵심이 책을 읽어주는 과정에서 발생하는 상호작용이라는 점을 생각하면 그 답을 쉽게 짐작할 수 있을 겁니다. 아무리 책의 그림을 그대로 영상으로 옮기고 전문 성우가 재미있게 읽어준다고 하더라도 영상 동화는 시청 행위일 뿐입니다. 본질적으로 책 읽어주기가 아니라 애니메이션이나 텔레비전 프로그램 시청에 더 가깝죠. 책의 내용을 알게 된다는 점만 같을 뿐 책 읽어주기와 비슷한 효과를 기대할 수는 없습니다.

　영상 동화 시청이 아이에게 해악을 끼친다거나 금지해야 한다는 뜻은 아닙니다. 애니메이션이 아이가 즐길 수 있는 문화생활 중 하나이듯 영상 동화도 아이의 놀이 문화 중 하나일 수 있으니까요. 아이가 원한다면 당연히 허용해 줄 수 있지요. 다만 영상 동화 시청으로 책 읽어주기의 효과를 기대할 수는 없습니다. 애니메이션이 책 읽어주기를 대체할 수 없는 것과 마찬가지 이치입니다.

> "영상 동화 시청은 책 읽어주기를 대체할 수 없습니다."

20.
책 읽어줄 시간이 없는 워킹맘, 워킹대디는 어쩌죠?

밤늦은 시간까지 일을 하거나, 멀리 떨어진 조부모에게 아이를 맡겼다가 주말에만 함께 지내는 경우처럼 물리적으로 책을 읽어주는 것이 힘든 가정도 있습니다. 사실 저도 그런 사람 중 하나였습니다. 학원 강사의 생활 패턴은 아이들과는 정반대니까요. 수업을 마치고 집에 돌아가면 아이들은 이미 잠들어 있고, 아침에 일어나면 아이들은 이미 등원한 후였지요. 학원 교재 외에 따로 독서충실도 테스트지, 기초언어능력 평가지를 만들어 쓰던 별난 강사였던데다 작가 일까지 병행하다 보니 주말에도 집에 없을 때가 많았습니다. 한번은 집에서 저를 발견한 막내가 "아빠, 우리 집에 놀러 왔어?"라며 좋아할 정도였으니 책 읽어줄 틈이 있을 리가 없지요. 어디 저뿐이겠습니까. 바쁘디바쁜 한국 사회에서는 흔한 풍경입니다.

상황이 이렇게 되면 독서교육 전문가라도 방법이 없습니다. 아무리 시간을 내보려 해도 낼 수가 없고, '나 말고 딴 사람이 읽어주면 안 되나?' 하는 생각도 들지만 부모인 나도 못 하는 일을 대신해 줄 사람이 있을 리 없습니다.

이런 상황에 대한 제 결론은 '읽어줄 수 있을 때 최선을 다해 읽어준다'였습니다. 어쩌다 아이들과 함께 집에 있는 날이면 기회를 놓치지 않고 "아빠가 책 읽어줄까?" 옆구리를 콕 찌릅니다. 가뜩이나 아빠랑 함께할 일이 없던 아이들이다 보니 뛸 듯이 좋아했지요. 그런 녀석들이 짠한 만큼, 미안하고 사랑하는 만큼 이번이 마지막인 것처럼 최선을 다해 읽어주었습니다. 어디서 나오는지 알 수 없는 연기력과 오두방정으로 두 시간쯤 읽어주고 나면 "오늘은 여기까지" 소리가 절로 나옵니다. 간만에 아빠를 차지한 아이들은 더 읽지 못하는 걸 아쉬워합니다만 그래도 어쩌겠습니까. 제가 힘든 티를 내서 독서의 즐거움을 해치느니 즐겁게 읽을 수 있는 만큼만 읽어주는 게 낫지요.

어떨 때는 한 달에 한 번, 어떨 때 보름에 한 번꼴로 이렇게 읽어줬던 것 같습니다. 물론 아이가 원할 때마다 읽어주는 것에 비하면 턱없이 부족한 양입니다. 독서를 생활 속 문화로 만들 수 있는 정도도 아니고요. 하지만 분명히 아이와 함께 책을 읽는 독서 생활을 했습니다. 어쩌다 한 번이긴 하지만 아이가 '아빠랑 책 읽는 거 참 재밌고 좋아'라고 느낄 수 있다면, 그래서 책 읽어주기가 즐거운 추억이 될 수 있다면 그걸로 충분하다고 생각했습니다. 안 충분하면 또 어쩌겠어요. 그것이 부모이기 이전에 삶의 무게를 짊어지고 살아가는 한 사람으로서 할 수 있는 최선인걸요.

모두가 이상적인 독서 생활을 할 수 있는 것은 아닙니다. 저마다 처한 상황에서 할 수 있는 만큼, 최선을 다할 수 있을 뿐이죠. 정도가 다를 뿐 모두가 마찬가지일 것으로 생각합니다.

남들보다 못 읽어준다고 괴로워하기보다는 '책 읽어주기를 추억으로 만들어줄 수 있다면 족하다'라는 마음으로 임하면 어떨까요. 아이가 훌쩍 자란 어느 날, 서가에서 너덜너덜해진 그림책 한 권을 발견하고는 '아빠가 나 어릴 때 이 책 진짜 신나게 읽어줬는데' 하고 따뜻하게 추억할 수 있다면 그걸로 만족한다고요. 그런 추억이야말로 책을 사랑하는 아이로 자라는데 더없이 훌륭한 자양분이 될 테니까요.

> **"할 수 있는 만큼 아이에게
> 책 읽어주기의 추억을 만들어주세요."**

책 읽어줄 상황이 안 되는 부모의 책 읽어주기

책 읽어주기의 핵심은 책, 아이, 책 읽어주는 사람의 상호작용에 있습니다. 따라서 이를 완벽하게 대체할 방법은 찾기 힘듭니다.

매일 책을 읽어줄 수 없는 상황일 때는 너무 낙담 말고 읽어줄 수 있을 때 최선을 다해서 읽어주세요. 아이가 독서를 행복한 추억으로 여길 수 있다면 그것만으로도 큰 선물이 될 테니까요.

책을 읽어줄 수 있는 시간 찾기

일주일에 한 번, 한 달에 한 번도 상관없습니다. 아이와 함께 지내는 시간을 찾아 읽어주세요.

신나게 읽어주기

독서의 효과보다 중요한 것이 책에 대한 긍정적인 기억입니다. 아이가 독서에 대해 좋은 기억을 가질 수 있도록 최선을 다해 즐겁고 신나게 읽어주세요.

오디오북 활용하기˚

상호작용이 발생하지 않는다는 점에서 오디오북은 책 읽어주기의 완전한 대체제가 될 수는 없습니다. 하지만 잠자리 독서를 대체할 수 있는 용도로는 충분히 사용할 수 있지요. 평소 책 읽어주기 시간이 부족하다면 오디오북을 적극적으로 활용해 보세요.

˚ <1부 18장 오디오북을 들려주는 것은 괜찮은가요?> 참고

21.
다둥이 가정은
어떻게 읽어줘야 하나요?

다둥이 가정에서는 외식을 한 번 하려 해도 의견 조정이 필요합니다.

"난 자장면!"

"치킨 먹고 싶어."

"피자 먹은 지 오래됐잖아."

아이마다 원하는 게 다 다르니까요. 책을 읽어줄 때도 마찬가지입니다. 나이도, 성별도, 취향도 서로 다른 아이들이 함께 참여하니 여러 가지 문제가 발생할 수밖에 없습니다. 하지만 다둥이 가정의 책 읽어주기가 단점만 있는 것은 아닙니다. 몇 가지 까다로운 지점만 잘 극복하면 뜻하지 않은 장점도 누릴 수 있습니다.

규칙 정하기

다둥이 가정의 책 읽어주기에서 가장 중요한 것은 이견과 갈등을 미연에 방지할 수 있는 규칙입니다. 규칙의 첫 번째 원칙은 '공평'입니다.

"읽고 싶은 책 세 권씩 골라 와."

형 동생 할 것 없이 똑같은 권수를 읽어주는 것은 기본입니다. 물론 이걸로 분쟁이 끝날 리는 없습니다. 똑같은 권수를 읽어줘도 '누가 골라 온 책을 먼저 읽을 것인가' 따위로 티격태격하는 게 아이들이니까요. 그럴 때는 짝숫날은 형 책 먼저, 홀숫날은 동생 책 먼저 하는 식으로 규칙을 정하면 갈등을 원천 봉쇄할 수 있습니다. 그 외에도 책 읽어주는 시간, 책을 읽어주는 장소 등 부모로서는 그게 뭐가 중요한가 싶은 온갖 잡다한 것들이 아이들 사이에서는 갈등의 원인이 됩니다. 그게 무엇이든 갈등이 생기면 규칙을 통해 해결하는 것이 가장 깔끔합니다. 책 읽어주는 시간 때문에 갈등이 생겼다면 '저녁 8시는 책 읽어주는 시간' 하는 식으로 독서 시간을 정하고, 책을 읽어주는 장소 때문에 다툼이 생기면 '거실', '안방 침대' 하는 식으로 아예 정해놓는 거죠. 이렇게 한번 정하고 나면 같은 문제로 다시 티격태격하지 않아도 됩니다.

연극적 요소 극대화하기

그런데 종종 규칙으로 해결할 수 없는 종류의 문제가 발생합니다. 대표적으로 취향 차이가 그렇지요.

큰아이가 골라 오는 책을 작은아이가 싫어하는 경우는 드뭅니다. 작은아이에게 큰아이가 고른 책은 읽어본 적 없는 새로운 책일 가능성이 높습니다. 또 자기가 고른 책보다 내용이 길고 구체적이어서 색다른 재미도 있고, '나도 형아처럼 할 수 있어' 하는 호승심에 기를 쓰고 더 들으려 하기도 합니다. 둘째, 셋째가 첫째 덕분에 뜻하지 않은 독서 월장을 하게 되는 셈입니다.

문제는 큰아이입니다. 큰아이에게는 동생이 골라 온 책이 이미 다 읽어본 책이거나 시시한 책일 가능성이 큽니다. 여기에 성별마저 다르면 "난 공주 책 싫단 말이야. 이거 읽을 동안은 놀게", "어휴, 공룡 정말 지겨워. 난 안 들을 거야" 하고 도망가 버리기 십상입니다. 부모로서도 딱히 말릴 명분이 없습니다. 싫다는 아이를 억지로 붙들어 앉힐 수도 없는 노릇이고, 자기 연령보다 언어 수준이 낮은 책을 읽어주는 것이 도움이 안 될 것 같은 생각도 들고요.

이런 식으로 첫째가 대열에서 이탈하면 둘째, 셋째의 집중력도 함께 흐트러집니다. 책 읽어주기를 하고 있는데 옆에서 첫째가 놀고 있으면 둘째, 셋째의 마음도 자연히 콩밭으로 가게 되니까요. 순식간에 분위기가 흐트러지는 거죠.

이 문제를 해결하기 위해서는 두 가지 전략을 동시에 펼칠 필요가 있습니다. 첫 번째는 큰아이의 놀이를 재미없게 만드는 것입니다. "동생 책 읽어줄 때 옆에서 놀면 방해가 되겠지? 책 읽어줄 때는 딴 데 가서 노는 거야" 하고 큰아이를 독서 공간에서 분리합니다. 같은 이유로 '텔레비전, 컴퓨터 같은 디지털 기기 금지', '시끄러운 소리를 내는 놀이 금지' 식으로 놀이 방법에도 제한을 둡니다. 이렇게 되면 큰아이는 혼자 놀기 애매한 상황에 빠집니다. 동생 책을 읽어주는 짧은 시간 동안 놀아야 하는데 소리를 내거나 디지털 기기를 쓸 수도 없고, 다른 방에 혼자 우두커니 있어야 하니까요. 놀려고 나왔는데 별 재미는 없고, 괜히 소외감만 느끼게 되는 겁니다.

두 번째 전략은 책 읽어주기의 공연적 성격을 극대화하는 것입니다. 꼭 첫째 때문이 아니더라도 다둥이 가정은 공연적 읽어주기를 하기 좋은 인적 구성을 갖추고 있습니다. 부모가 왕비, 오빠가 마법 거울, 동생이 백설공주 하는 식으로 역할을 맡을 배우가 충분하니까요. 이때 중요한 것은 과장된 연기로 분위기를 한껏 끌어올리는 것입니다. 일테면 진짜 거울인 양 오빠를 쳐다보면서 "거울아, 거울아. 세상에서 누가 제일 예쁘지?" 연기를 하는 것입니다. 부모가 예쁜 왕비인 양 보자기를 두르고 거울인 오빠를 쳐다보는 것만으로도 아이들은 웃음을 터트리며 재미있어합니다. 부모가 이렇게 분위기를 이끌며 연기를 하면 아이들은 이 역할 놀이에 쉽게 빠져듭니다. 첫째도 다른 방에서 혼자 노느니 책 읽어주기에 끼고 싶어지지요.

재미있는 것은 역할 놀이를 하다 보면 아이들의 연기력이 자꾸는다는 점입니다. 처음에는 장난스럽고 우스꽝스럽게 연기를 하지만 나름의 '연기 경력'이 쌓이면 정극 연기도 천연덕스럽게 해냅니다. 머리카락이 잘린 채 탑에서 쫓겨난 라푼젤과 눈먼 왕자가 만나는 장면처럼 진지한 부분을 읽을 땐 부모님 쪽에서 먼저 "이건 진짜처럼 해보자" 하고 정극 연기를 주문해 볼 수도 있습니다. 아이들이 진지하게 연기하면 한껏 감탄하면서 칭찬해 주고, 어떻게 그렇게 연기할 생각을 했는지 물어봐 주세요. 자신의 연기 의도를 이치에 맞게 설명하는 아이의 모습을 보시게 될 테니까요.

아이의 독서 능력은 지금 어떤 책을 읽느냐가 아니라 독서를 얼마나 좋아하느냐에 의해 결정됩니다. 다둥이 가정의 시끌벅적하고 역동적인 책 읽어주기만큼 신나고 즐거운 독서 경험도 찾기 힘듭니다. 온 가족이 함께 상호작용을 하면서 즐겁게 책을 읽는 경험. 가족 독서 문화의 튼튼한 기반을 놓는 일이 아닐 수 없습니다.

"
온 가족이 함께하는 공연 같은 책 읽기.
"

다둥이 가족 책 읽어주기 규칙

다둥이 가정에서 책 읽어주기를 원활하게 하려면 이견과 다툼을 방지하는 공평한 규칙이 필요합니다. 아래 예를 참고해서 우리 가정에 필요한 규칙을 만들어보세요.

책 읽어주는 순서 정하기

다둥이 가정에서는 누구 책을 먼저 읽어주느냐도 다툼의 소지가 됩니다. '홀숫날은 첫째 책 먼저, 짝숫날은 둘째 책 먼저' 하는 식으로 규칙을 정하면 간단하게 해결할 수 있습니다.

책 읽어주는 시간 정하기

첫째는 지금 책을 읽어달라고 하는데, 둘째는 이따가 읽고 싶다고 합니다. 원하는 시간에 각자 읽어주면 좋겠지만 부모님도 바쁘고 힘듭니다. 이런 문제는 '우리 집 책 읽어주는 시간은 저녁 8시' 하는 식으로 독서 시간을 정하면 됩니다.

독서량 정하기

아이들이 원하는 만큼 책을 읽어주는 것은 거의 불가능합니다. 2~3시간을 읽어줘도 더 읽어달라는 경우도 많으니까요. '각자 세 권씩' 하는 식으로 읽어줄 양을 미리 정하면 다툼 없이 적정한 독서량을 유지할 수 있습니다.

독서 시간 규칙 정하기

"오늘은 책 안 읽을래."

책을 읽어주다 보면 한 번씩 독서 시간에 다른 것을 하며 놀고 싶어 하는 아이가 생깁니다. 억지로 앉혀놔 봐야 집중 못할 게 뻔하기 때문에 이럴 때는 그냥 놀게 해주는 게 좋지요. 단, 책 읽어주기 시간에 방해가 되지 않도록 '책 읽어주는 곳 말고 다른 방에 가서 놀기', '디지털 기기 사용 안 하기' 같은 독서 시간 규칙을 정합니다.

22.
한글 교육은
언제 시키는 게 좋을까요?

초등학교의 한글 교육이 없어지다시피 했던 때가 있었습니다. 한글 조기교육이 널리 퍼지면서 초등 1학년 아이 대부분이 한글을 떼고 입학하다 보니 학교 한글 교육이 유명무실해졌던 거지요. 그때는 조기 한글 교육을 받지 않은 소수의 아이가 그 피해를 고스란히 받아야 했습니다. 글자를 모르니 학교 수업을 따라가기 힘들고, 알림장을 못 써서 발을 동동 구르는 경우도 많았습니다. 담임 선생님으로부터 '한글을 안 가르치고 보내면 곤란해요' 하는 질책을 받았다는 이야기도 심심찮게 떠돌던 시절이었습니다.

지금도 많은 아이가 한글 조기교육을 받습니다만 공교육 시스템은 초등 1학년 한글책임교육을 강화하는 방향으로 나아가고 있습니다. 아이들이 한글을 배워오든 말든 1학년 때는 한글 수업을 하는 겁니다. 이제는 한글을 배우지 않고 입학한다고 해서 예전 같은 불이익을 받지는 않습니다.

이른 나이에 문자 교육을 시키는 것은 아이의 뇌 건강에 해로울 수 있습니다.* 뇌 과학 연구 결과로도 그렇고, 언어 발달 단계상으로도 입말이 충분히 발달하지 않은 상태에서의 문자 습득은 부작용을 일으킬 가능성이 높기 때문입니다. 가장 알맞은 시기는 한글책임교육을 받는 초등 1학년 때입니다. 정 불안하다 싶으면 초등학교 입학 전 3~4개월 정도 가르치면 됩니다.

> "
> 너무 이른 한글 교육은
> 아이의 뇌 건강을 해칠 수 있습니다.
> "

---

* <1부 2장 책 읽어주기 말고 다른 교육은 안 해도 될까요?> 참고
《공부머리 독서법》157쪽, <우리 아이의 뇌는 괜찮을까?> 참고

23.
스스로 읽기는
언제부터 시켜야 하나요?

독서 이론은 영유아기를 '독서 맹아기', 즉 스스로 읽기를 할 수 없는 시기로 규정합니다. 스스로 읽으려면 우선 글자를 익혀야 하는데 발달 단계상 영유아기는 아직 문자 학습을 원활하게 할 수 없는 시기니까요. 시키면 글자를 배울 수는 있지만 뇌 발달에 부정적인 영향을 끼칠 위험이 큽니다. 한마디로 영유아기는 스스로 읽기를 고려할 시기가 아닌 겁니다.

이미 한글을 깨친 경우도 다르지 않습니다. 지금 당장은 스스로 읽게 하는 것이 앞서 나가는 것처럼 보일 수 있지만 정작 학습을 해야 하는 학령기에는 어려움을 겪을 위험이 큽니다. 이 시기의 스스로 읽기는 아이를 책 싫어하는 초등학생으로 만들 가능성도 크지요.* 여기에 책 읽어주기 특유의 효과까지 고려하면 한글을 안다 하더라도 읽어주는 것을 원칙으로 삼을 필요가 있습니다.

읽어주기를 거부하는 아이

그런데 '한글을 알든 모르든 영유아기는 책을 읽어줄 때'라는 이 기본 원칙을 지키기 힘든 경우가 있습니다. 읽어주는 것을 거부하고 스스로 읽기를 고집하는 아이도 있거든요. 스스로 읽을 수 있는 능력이 있는 데다 스스로 읽으면 주위 어른들이 감탄하며 칭찬하니 그 맛에 스스로 읽기를 고집하는 겁니다. 이렇게 스스로 읽기를 고집할 때는 아이가 '나는 스스로 책을 읽는 똑똑한 아이야'라는 심리적 부담감을 내려놓을 수 있도록 배려해 주는 게 중요합니다.

"오늘은 내가 읽어주면 안 돼? 아빠는 너한테 책 읽어주는 거 좋아."

아이의 자존심을 지켜주면서 책 읽어주기에 임할 수 있도록 유도하는 거죠.

물론 그렇게 한다고 해서 아이가 스스로 읽기를 그만두지는 않습니다. 하지만 적어도 부담을 느끼지 않을 수는 있습니다. 그것만

---

* <2부 2장 초등학생이 됐는데도 자꾸만 읽어달라고 해요> 참고

으로도 아이는 스스로 읽기든 읽어주기든 자기 마음 가는 대로 선택할 수 있습니다. 아무런 거리낌 없이 자유롭게 독서를 즐길 수 있고 이른 스스로 읽기의 부작용도 줄일 수 있지요.

> "
> 한글을 알든 모르든
> 영유아기는 책을 읽어줄 때입니다.
> "

24.
아이를 독서가로 키우려면 부모도 꼭 책을 읽어야 하나요?

"저희 부부는 둘 다 책을 좋아해서 늘 읽는 편인데요, 부모가 평소 책 읽는 모습을 보여주면 아이도 자연스럽게 책을 좋아하게 되지 않을까요?"

많은 분이 독서 지도의 첫 번째 전제로 부모의 독서를 꼽습니다. 이것저것 복잡한 독서교육법을 따를 필요 없이 부모가 책을 읽으면 아이도 자연히 책을 좋아하게 된다고 생각하는 거죠. 이 생각은 반은 맞고 반은 틀립니다. 책을 읽는 부모가 자녀를 독서가로 키울 가능성이 큰 것은 맞지만 부모가 책을 읽는다고 해서 자녀도 반드시 독서가로 자라는 것은 아니기 때문입니다.

책을 읽지 않는 부모가 독서 지도를 하기 어려운 이유

책을 읽지 않는 부모가 자녀를 독서가로 키우는 것은 몹시 어려운 일입니다. 영유아 때야 책을 읽어줄 시기이니 상관없지만 초등 중학년, 고학년만 되어도 "왜 나만 책을 읽어야 해?"라는 아이의 반박에 직면하게 됩니다. "엄마 아빠는 어른이라서", "바빠서"라는 말은 아이가 어릴 때나 통하는 말입니다. 조금만 자라면 "엄마 아빠만 바빠요? 저도 공부하느라 바빠요" 하고 저항합니다. 아이가 이렇게 반박하면 책을 읽지 않는 부모는 할 말이 없어집니다. 아이의 말이 사실이니까요.

이보다 더 심각한 문제는 독서 지도 방법에서 발생합니다. 독서 지도의 관점에서 볼 때 책을 읽지 않는 부모는 야구를 해본 적이 없는 야구 코치와 같습니다. '독서 편식을 하면 안 된다', '교과 연계 도서를 읽어야 한다', '수준 높은 책이 좋은 책이다', '지식도서가 더 도움이 된다'처럼 책을 읽어보지 않아서 생긴 잘못된 상식들을 기반으로 아이를 이끌기 십상입니다. 독서 지도를 할 때 발생하는 다양한 돌발 상황에서 잘못된 판단을 내릴 위험도 큽니다. 부모님의 의도와 달리 개입을 할수록 아이의 독서가 더 힘들어지게 됩니다.

아이를 독서가로 기르고 싶다면 피할 수 없습니다. 부모님도 책을 읽어야 합니다.

독서를 시작하는 순간 알게 되는 것들

문제는 독서가가 되는 것이 말처럼 쉽지 않다는 점입니다.

우선 책을 읽을 시간이 없습니다. 저녁 먹고 돌아서면 8시, 스마트폰이나 텔레비전을 잠깐 보면 9시, 세수하고 나면 잠잘 시간입니다. 게다가 종종 사람들도 만나야 합니다.

두 번째 문제는 책에 재미를 붙이기가 쉽지 않다는 점입니다. 독서는 나이가 들수록 시작하기 어렵습니다. 내 취향은 내 나이에 맞게 성장해 있는데, 그동안 책을 읽지 않은 탓에 내가 읽을 수 있는 책의 수준은 그보다 낮습니다. 취향과 읽을 수 있는 책 사이에 괴리가 발생하는 겁니다. 큰마음 먹고 책을 펼쳤는데 이내 '흰 것이 종이요, 검은 것은 글씨구나' 하는 상황에 빠질 가능성이 크지요.

아이러니하게도 이런 어려움을 겪어보는 것이 자녀 독서 지도에는 큰 도움이 됩니다. 책을 읽지 않았던 부모님이 겪는 이 어려움이 바로 초등 고학년, 청소년이 책을 읽으려 할 때 겪는 어려움이기 때문입니다. 학교, 학원 갔다 오면 저녁 7시, 저녁 먹고 돌아서면 8시, 숙제가 있는 날에는 숙제를 해야 하고, 이따금 스마트폰이나 컴퓨터 게임도 해야 합니다. 그렇게 할 것 다 하고 씻고 돌아서면 어느새 잠잘 시간이죠. 책 읽을 시간이 없습니다. 독서를 어려워하는 것 역시 똑같습니다. 많은 아이가 또래 적정치 이하의 언어능력을 갖고 있습니다. 책을 읽지 않았던 어른이 그렇듯 아이도 독서를 어려워할 수밖에 없는 겁니다.

부모님이 독서의 어려움을 경험해 보기만 해도 "무슨 소리야?

어렵고 힘들어도 읽어야지" 하고 무턱대고 윽박지르지 않게 됩니다. 그런 방식으로는 책을 읽게 만들 수 없다는 걸 아니까요.

초보 독서가라면 누구나 맞닥뜨릴 수밖에 없는 이 난관은 독서 인생에서 만나는 거의 유일한 허들입니다. 부모님이 이 허들을 넘으면 아이도 쉽게 넘을 수 있습니다. 아니 부모님 덕에 아이는 허들의 존재조차 느끼지 못할 수 있습니다. 그 장애물을 넘은 경험이 있는 부모는 아이를 어떻게 이끌어야 하는지 잘 알기 때문입니다.

그렇다면 이 허들을 어떻게 넘어야 할까요?

전혀 두려워할 일이 아닙니다. 아이에게 책 읽어주기를 하고 있다면 이미 독서를 하고 있는 거니까요. 그림책 읽어주기를 부모의 독서로 만들면 됩니다.

아이와 함께 독서가로 성장하기

그림책 읽어주기가 아이만의 독서가 되느냐, 부모의 독서도 되느냐는 그림책을 대하는 부모님의 자세에 달려있습니다. 부모인 내가 그림책 독서를 내 독서로 느끼고 즐기기만 하면 됩니다. 그림책은 '아이들이나 읽는 책'이 아니라 '아이들도 즐길 수 있는 책'이니까요.

아이에게 그림책을 읽어주다가 책의 재미에 빠진 적 있지 않나요? 저는 무척 많습니다. 《알사탕》을 읽어주다가 마음이 애틋해졌고, 《100만 번 산 고양이》를 읽어주다가 아이와 끌어안고 울기도 하고, 《난 고양이가 싫어요》가 너무 좋아서 제 소장용으로 구매한 적도 있습니다. 아이와 함께 도서관에 갈 때마다 아이는 자기가 읽고 싶은 그림책을 고르고, 저는 제가 읽고 싶은 그림책을 골라 빌려오곤 했습니다. 아이는 아이대로, 저는 저대로 그림책의 세계를 즐긴 것이지요.

성인이라고 해서 꼭 성인 책을 읽어야 하는 것은 아닙니다. 아이가 초등 1학년이 되면 초등 1학년 책을 함께 읽고, 초등 3학년이 되면 초등 3학년 책을 함께 읽어도 됩니다. 독서 시간도 문제 될 게 없습니다. 책 읽어주기 시간을 가족 독서 시간으로 그대로 이어가면 됩니다. 책 읽어주기를 할 때처럼 같은 공간에 모여서 아이는 아이가 읽고 싶은 책을, 부모는 부모가 읽고 싶은 책을 읽는 거죠. 아이로서는 거부할 이유가 없습니다. 책 읽어주기 시간이 스스로 읽기 시간으로 바뀐 것뿐이고, 혼자 읽는 것이 아니라 부모도 옆에서 함께 책을 읽으니까요.

앞서 부모가 책을 읽는다고 해서 아이가 반드시 책을 좋아하게 되는 것은 아니라는 말씀을 드렸습니다. 예전과 달리 요즘은 디지털 기기나 장난감처럼 집안에 재미있는 것들이 많아서 부모가 책을 읽어도 아이는 아랑곳하지 않고 좋아하는 것들을 하기 때문입니다. 책 읽어주기 시간을 가족 독서 시간으로 이어가면 이런 위험도 사라집니다. 독서를 당연한 가족 문화로 받아들이게 되니까요.

---

* 《알사탕》 백희나 글·그림, 스토리보울
** 《100만 번 산 고양이》 사노 요코 글·그림, 비룡소
*** 《난 고양이가 싫어요》 다비드 칼리 글, 안나 피롤리 그림, 책빛

아이와 함께 독서가로 성장한다는 마음으로 책 읽어주기에 임해보세요. 아이의 독서는 물론 가족 독서 문화를 만드는 가장 쉽고 확실한 길입니다.

> "
> 가족 독서 시간은 부모도 아이도 함께
> 독서가로 성장하는 순간.
> "

부모의 독서 시작하기

원래 독서는 나이를 먹을수록 시작하기 어렵습니다. 취향은 나이에 맞게 올라가는데, 글을 읽고 이해하는 언어능력은 정체돼 있는 경우가 많기 때문입니다. 취향에 맞는 책을 고르면 읽고 이해하기가 힘들고, 읽고 이해할 수 있는 책을 고르면 취향에 맞지 않는 상황이 벌어지죠. 그런 면에서 부모라는 역할은 여러모로 유리합니다. 책 읽어주기를 부모의 독서로 여기는 자세만으로도 쉽게 독서 생활을 시작할 수 있으니까요.

그림책을 진심으로 대하기
그림책은 '아이들이나 읽는 책'이 아니라 '아이들도 읽을 수 있는 책'입니다. 성인의 관점으로 진지하게 들여다보면 아이에게 읽어줄 때는 발견할 수 없었던 숨은 의미, 그림책의 또 다른 매력을 발견할 수 있습니다.

책 읽어주기를 가족 독서의 출발점으로 삼기
'아이와 눈높이를 맞춰서 책을 읽어나가겠다', '책 읽어주기 시간을 훗날 가족 독서 시간으로 삼겠다'라고 생각해 보세요. 그것만으로도 책 읽어주기가 가족 독서의 출발점이 됩니다.

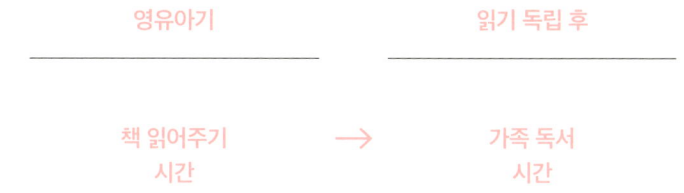

아이 책 고를 때 부모가 읽을 책도 고르기

그림책 읽어주기를 하다가 관심이 생겼다면 독서를 바로 시작할 수도 있습니다. 아이와 함께 도서관에 갔을 때 성인 열람실에 들러 '재미있는 책을 한번 찾아보겠다'라는 마음으로 책 구경을 해보세요. 책 한 권만 잘 만나면 의외로 쉽게 책의 재미에 빠질 수 있습니다.

청소년 소설로 시작하기

청소년 소설의 영문 장르명은 '영 어덜트 픽션 young adult fiction'입니다. 청소년은 물론 성인 독서가도 얼마든지 즐길 수 있는 문학이지요. 청소년 소설은 누구나 쉽고 재미있게 읽을 수 있는 데다 탄탄한 문학적 구조를 갖추고 있어 강력한 문해력 향상 효과를 보입니다. 이런 장점 때문에 제가 운영 중인 책방 <공독서가>에서도 성인을 위한 청소년 소설 독서모임을 온라인으로 매월 진행하고 있지요. 독서가로 빠르게 성장하고 싶은데 어떻게 시작해야 할지 모르겠다면 청소년 소설을 추천합니다.

25.
아이가 슬픈 책, 감동적인 책을 싫어해요

아이에게 책을 읽어주다 보면 부모도 자연스레 그림책의 세계에 눈을 뜨게 됩니다. 그림책은 어린아이에게 맞는 책이라고 생각했는데 막상 읽어보면 어른에게도 만만치 않은 재미와 감동을 준다는 걸 느끼게 되니까요. 아이를 위해 책을 읽어주다가 그림책의 매력에 푹 빠지게 되는 거죠. 이렇게 부모님이 재미있게 읽은 그림책이 있으면 당연히 사랑하는 아이와도 나누고 싶어집니다. 그런데 감동적인 책, 슬픈 책을 거부하는 아이가 제법 있습니다.

"싫어. 이 책 읽고 싶지 않아."

저번에 읽어줬을 때 분명 눈물까지 떨구며 감동했던 책인데 아이가 거부합니다. 그뿐만이 아닙니다. 표지를 보고 슬플 것 같은 느낌만 들어도 보기 싫다고 고개를 젓는 경우도 많습니다. 이렇게 슬픈 책, 감동적인 책을 싫어하는 아이가 많은 이유는 뭘까요?

아이의 마음결은 막 돋아난 새살처럼 보드랍습니다. 매운 음식을 맛있다고 느끼는 게 아니라 고통스럽다고 느끼는 것처럼 슬픈 이야기, 감동적인 이야기를 재미있다고 느끼는 게 아니라 아프다고 느낍니다. 여기에는 아이의 동심도 단단히 한몫합니다. 아이들은 책 속 이야기인지 뻔히 알면서도 책을 읽는 그 순간에는 진짜라고 느낍니다. 진짜라고 느끼니까 마음이 너무 아프고, 그 아픔에 화들짝 놀랍니다. 아이가 슬픈 책, 감동적인 책을 싫어하는 것은 감정이 메말라서가 아니라 감정이 너무 풍부해서인 셈입니다.

저는 저에게 감동을 준 그림책은 아이의 반응과 상관없이 구매합니다. 저를 위해서요. 어쩌다 한 번씩 꺼내보고 그 감동에 빠져들고 싶을 때가 있거든요. 그리고 아이들 그림책 서가에 함께 꽂아둡니다. 아이가 자라서 마음에 굳은살이 조금 생기면 분명히 그 책에 손이 가는 날이 있을 테니까요.

"
아직은 어려서 슬픔이 낯설고 아파요.
"

2부 ── 초등 저학년

읽기 독립은
어떻게 시켜야 할까요?

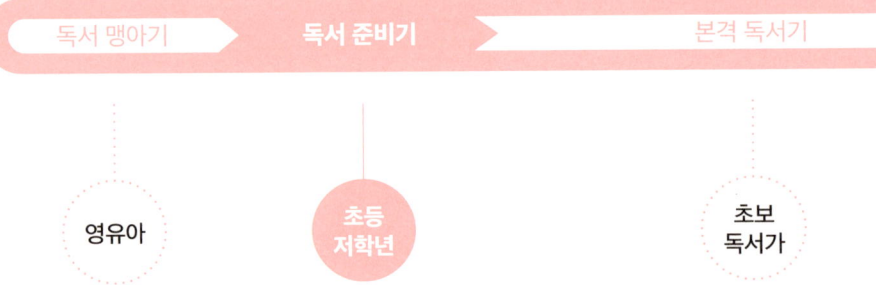

사색적 독서기

숙련된 독서가

01.
초등 저학년 독서 지도의 핵심은 무엇인가요?

독서는 독자인 내가 읽고 싶은 책을 찾아 읽는 문화 활동입니다. 독서 지도의 성패는 독서의 이 본질을 지킬 수 있느냐, 없느냐에 달렸지요. 수많은 부모님이 독서의 필요성을 절감하는 데도 우리 아이들의 문해력과 청소년 독서율이 바닥을 벗어나지 못하는 이유도 이 본질을 거스르는 지도 방식이 우리 사회에 널리 퍼져있기 때문입니다. 바로 아이가 읽을 책을 어른이 지정해 주는 방식입니다.

실패하는 방식으로 독서 지도를 하는 이유

수많은 부모님이 실패하는 방식으로 독서 지도를 해온 데는 그만한 이유가 있습니다. 책을 읽는 성인이 드문 상황에서 독서의 중요성이 대두되다 보니 독서의 본질과는 거리가 먼 학습적인 지도법이 널리 퍼지게 된 것이지요. 독서를 지식 축적의 관점으로 보는 독서 지도법은 책을 읽지 않는 부모에게는 매력적으로 느껴질 수밖에 없습니다. '초등 3학년 때 한국사, 4학년 때 세계사, 5학년 때 과학을 읽힌다' 식의 로드맵은 독서를 통해 교육 과정에 맞는 지식을 쌓은 아이의 모습을 떠올리게 만듭니다. '균형 잡힌 독서'를 시키면 한쪽으로 편향되지 않은, 지적으로 균형 잡힌 아이로 자랄 것 같고, 쉬운 책보다 수준 높은 책을 읽는 것이 더 효과적일 것 같습니다. 학년별 권장 도서, 필독서 목록대로 책을 읽게 하면 아이가 직접 고른 책을 읽는 것보다 훨씬 더 양질의 독서를 할 수 있다는 생각이 들지요. 게다가 이런 접근법이 일시적으로 성공하는 것처럼 보일 때도 있습니다. 그러니 이 방식으로 지도하는 부모님이 많을 수밖에요.

아이들 독서 지도만 그런 게 아닙니다. 성인 독서도 동일한 접근법이 팽배합니다. 세대를 가리지 않고 독서를 학습으로 여기는 사회인 셈입니다. 책을 재미로 읽는 사람을 보면 '그럴 거면 책을 왜 읽지?'라고 생각하게 되는 사회 말입니다. 독서를 바라보는 우리 사회의 이 관점이야말로 독서 지도의 가장 큰 장애물입니다. 독서의 효과에 집중한 책 선택과 독서 방법으로는 그 누구도 독서를 이어갈 수 없기 때문입니다.

독서 효과는 독자 자신의 흥미와 재미에 이끌려 책 한 권을 푹 빠져 읽을 때 자기도 모르게 얻게 되는 결과입니다. 자기 연령보다 3, 4단계 높은 문해력을 갖춘 뛰어난 어린 독서가 중에 필독서나 권장 도서를 줄지어 읽은 아이, 교과 연계 도서로 독서를 한 아이는 없습니다. 하나같이 자신이 읽고 싶은 책을 마음껏 읽는 아이들이지요. 성인 독서가도 마찬가지입니다. 설사 남들이 보기에 어렵고 재미없는 책, 경제학 원론이나 철학, 양자역학을 읽고 있다고 하더라도 그 책을 읽는 이유는 딱 하나뿐입니다. 지금 내게는 그 책이 가장 흥미롭고 재미있기 때문이지요. 재미있는 책을 찾아 읽는 과정을 거듭하다 보니 자기도 모르게 독서 능력과 취향이 성장했고, 그 결과 남들이 어려워하는 책을 재미있게 읽을 수 있게 된 것입니다. 이것이 독서가가 태어나고 성장하는 방식입니다.

지금은 독서 준비기

독서 지도의 최종 목표는 아이를 독서가로 기르는 것, 즉 책을 좋아하는 아이, 스스로 책을 읽는 아이로 기르는 것입니다. 방법은 간단합니다. 아이와 함께 주기적으로 도서관에 가고, 아이가 읽고 싶은 책을 스스로 찾아 읽게 해주는 것. 더도 말고 덜도 말고 딱 이렇게만 하면 됩니다. 초등 저학년 독서 지도는 이 목표를 이루기 위한 준비 단계라고 할 수 있지요.

읽고 싶은 책을 읽게 해준다고 해서 아이가 곧장 책을 술술 읽을 수 있는 것은 아닙니다. 독서를 하려면 우선 글을 읽을 수 있는 것을 넘어 글자를 보는 순간 읽으려 하지 않아도 저절로 읽어질 만큼 글자 읽기에 능숙해져야 합니다.

표음문자를 읽는 데 능숙해져서 보기만 해도 저절로 읽어지는 것을 '읽기 자동화'라고 하는데, 읽기 자동화를 이루는 시기는 아이마다 다릅니다. 초등 1학년 1학기에 능숙해지는 아이가 있는가 하면 초등 2학년 2학기에 능숙해지는 아이도 있지요. 누가 좀 더 빨리 능숙해지느냐, 좀 더 늦게 능숙해지냐는 중요하지 않습니다. 빨리 능숙해진다고 해서 초등 중학년, 고학년 시기에 책을 더 잘 읽는 것도 아니고, 늦게 능숙해진다고 해서 책을 더 못 읽는 것도 아니니까요. 초등 1학년에서 2학년 사이에 읽기 자동화를 이루기만 하면 됩니다.

중요한 것은 읽기 자동화의 시기가 아니라 독서의 재미를 놓치지 않도록 아이의 성장 속도에 보폭을 맞춰주는 것입니다. 읽기에 능숙해질 때까지는 영유아기와 다를 바 없이 함께 도서관에 가고, 자유롭게 책을 고르게 해주고, 흔쾌히 읽어주면 됩니다. 스스로 읽기는 굳이 시키지 않아도 되지만 만약 시킨다면 하루에 5분에서 10분 정도 아이가 스트레스를 받지 않는 선을 지키는 것이 중요합니다.

그렇게 해서 언제 읽기 독립을 하고, 어떻게 독서 능력을 기를 수 있을까, 의구심이 들지도 모르겠습니다. 걱정하지 않아도 됩니다. 뛰어난 독서가로 자란 아이도 모두 이런 과정을 거쳐서 뛰어난 독서 능력, 학습 능력을 갖추었으니까요.

독서교육에서는 초등 저학년을 독서 준비기라고 부릅니다. 초등 1, 2학년은 본격적인 독서기가 아니라 책을 읽는 데 필요한 두 가지 능력, 책에 대한 높은 흥미도와 읽기 자동화를 탄탄하게 다지는 시기이기 때문입니다.

지금 당장 독서로 대단한 결실을 보려고 하지 마세요. 그저 독서 생활을 한다는 마음으로 아이와 함께 도서관에 가고, 아이가 좋아하는 책을 마음껏 고르게 해주고, 매일 독서 시간을 가지면 됩니다. 그리고 이 한 가지에만 집중하는 겁니다.

'아이가 독서 생활을 즐거워하고 있는가.'

부모의 이런 태도야말로 아이를 뛰어난 독서가로 기르는 가장 탄탄한 초석입니다.

" 독서교육의 핵심은 지식이 아니라 재미입니다. "

초등 1, 2학년을 위한 독서 생활

초등 저학년은 본격적인 독서기가 아니라 '독서 준비기'입니다. 지금 당장의 독서 효과를 따지기보다는 '아이와 함께 독서 생활을 한다'라는 가벼운 마음으로 접근해 보세요. 이 시기에는 아이와 함께 도서관에 가고, 책을 빌려오고, 그 빌려온 책을 읽는 시간을 가지는 것 자체가 최고의 독서 지도법이니까요.

1. 일주일에 한 번 도서관 가기

일주일에 한 번 도서관 가는 날을 정해보세요. 주기적으로 도서관을 방문하는 것만으로도 독서 생활에 기초가 잡힙니다.

2. 도서관 서가에 머물기

책 고르기는 읽을 책을 찾는 일이기도 하지만 책 구경을 하며 독서 감각을 기르는 일이기도 합니다. '읽을 책만 찾아서 나온다'가 아니라 '책 구경을 한다'라는 마음으로 아이에게 충분한 시간을 주세요. 읽지는 않았어도, 구경해본 책 목록이 아이의 독서 생활에 든든한 뒷받침이 되어 줄 것입니다.

3. 도서 대출증 한도껏 빌리기

독서 감각을 기르는 가장 좋은 방법은 많이 구경하고, 많이 골라보는 것입니다. 빌려온 책을 반드시 다 읽을 필요는 없습니다. 완독의 부담을 내려놓고 도서 대출증 한도를 꽉 채울 만큼 책을 고를 수 있게 이끌어주세요.

4. 매일 독서 시간 갖기

하루에 한 번 책 읽는 시간을 가집니다. 아직은 독서 준비기이기 때문에 아이의 의사에 따라 스스로 읽게 하거나 읽어주면 됩니다.

02.
초등학생이 됐는데도 자꾸만 읽어달라고 해요

'이제는 안 읽어줘도 되겠지?'

초등학교 입학을 앞둔 자녀를 둔 부모라면 누구나 이런 기대를 품습니다. 그런데 웬걸, 초등학생이 돼도 아이는 변함없이 책을 읽어달라고 쪼르르 달려옵니다. 처음 몇 주야 '적응할 시간이 필요하겠지' 이해하며 책을 읽어주지만, 몇 주가 몇 달이 되고, 몇 달이 한 학기가 되면 슬슬 걱정이 됩니다.

'이렇게 계속 읽어주는 게 맞나?'

'내가 스스로 읽기를 훈련할 기회를 뺏는 게 아닐까.'

여기에다 제법 두꺼운 책도 혼자서 척척 읽는 옆집 아이까지 있으면 우리 아이가 뒤처지는 것 같은 불안감이 밀려옵니다. 그러면 결국 아이를 다그치게 됩니다.

"옆집 ○○이 봤지? 혼자서 그 두꺼운 책을 읽잖아. 너도 이제 혼자서 읽는 훈련을 해야 해. 하루에 30분이라도 혼자서 읽어. 알았어?"

아이는 울며 겨자 먹기로 책을 펼치지만 좀처럼 집중을 못 합니다. 5분도 안 돼서 "그만 읽으면 안 돼?" 하고 칭얼대기 시작합니다. 마음을 단단히 먹고 "독서 시간 안 끝났어. 계속 읽어" 억지로 읽히면 앉아서 소리 내 읽기는 하는데 이해를 하는 건지 마는 건지 알 수가 없습니다. 영 재미없어하고, 자꾸만 '그만 읽으면 안 되냐', '내일 읽겠다'라며 보챕니다.

이렇게 아이와 씨름하다 보면 부모는 '영유아 시절 그렇게 애써 읽어준 공은 다 어디 가고 책도 못 읽고 심지어 싫어하는 아이가 돼버렸을까?' 하는 자괴감과 허탈함을 느끼게 됩니다. '책 좋아하는 아이는 따로 있는 건가 봐' 하는 체념 아닌 체념도 들고요.

만약 이런 이유로 낙담한다면 대부분 부모가 절망에 빠져야 할 겁니다. 발달 과정상 초등 1학년은 원래 스스로 읽기를 힘들어하고 싫어하는 시기니까요.

초등 1학년이 스스로 읽기를 싫어하는 이유

"바… 람… 이… 불… 고… 있… 었… 어… 요."

초등 1학년은 책을 더듬더듬 읽습니다. 'ㅂ'에 'ㅏ'가 붙어서 '바'가 되고, 'ㄹ'에 'ㅏ'와 'ㅁ'이 붙어서 '람'이 되는 식으로 글자의 소리를 조합하는 데 시간이 걸리기 때문입니다. 이제 막 글을 배운 초등 1학년에게 독서는 글을 읽고 이해하는 행위라기보다는 글자의 소리를 해독하는 행위, 표음문자를 조립하는 행위에 가깝습니다. 글을 읽는 동안 글자의 소리를 읽는 데 온 신경을 집중하다 보니 책의 내용이 머릿속에 잘 들어오지 않습니다. 당연히 이해도 잘 안되고 재미도 못 느낍니다. 그러니 스스로 읽기를 싫어할 수밖에요.

컴퓨터로 글을 쓰려면 타자 연습부터 충분히 해야 하고, 자전거 여행을 하려면 자전거 타는 법부터 익혀야 합니다. 독서도 마찬가지입니다. 책을 읽으려면 글자의 소리를 읽는 것부터 능숙해져야 합니다. 글자를 보는 순간 의식하지 않아도 저절로 읽게 될 정도로요. 이렇게 글자를 보자마자 읽을 수 있는 기술을 '읽기 자동화'라고 하는데, 읽기 자동화를 이루고 나야 비로소 글을 읽고 이해하는 독서를 할 수 있습니다.

독서교육에서는 초등 1, 2학년을 '독서 준비기'라고 부릅니다. 독서를 하기에 앞서 글자를 익히고, 읽는 연습을 거듭함으로써 읽기 자동화로 나아가는 시기이기 때문입니다. 아이가 읽기 자동화를 완전히 이룰 때까지는 당연히 부모가 책을 읽어주어야 합니다. 그래야 책의 재미와 효용을 변함없이 누릴 수 있습니다.

'스스로 읽기' 훈련은 따로 해도 되지만, 하지 않아도 큰 문제는 없습니다. 학교에서, 일상생활에서 글을 읽을 기회는 끊임없이 있으니까요. 초등 1학년 말, 늦어도 초등 2학년 시기에는 대부분의 아이가 읽기 자동화를 이룹니다.

스스로 읽기를 시킨다면 아이가 원하는 책을, 스트레스 받지 않을 정도만 할 수 있도록 지도하는 것이 중요합니다. '초등학생이니까 이 정도 수준은 읽어야지', '하루에 30분은 읽어야지' 하는 생각은 내려놓으세요. 영유아 때 외울 정도로 많이 읽어줬던 책을 읽어도 되고 심지어 《달님 안녕》처럼 한 페이지에 네다섯 글자뿐인 책이어도 됩니다. 하루에 한두 페이지만 읽어도 된다는 가벼운 마음으로 접근해 보세요.

긴 책도 스스로 척척 읽는 옆집 아이보다 너무 뒤떨어지는 것 아니냐고요? 전혀요. 좀 더 빠르냐, 늦느냐는 성장 속도의 차이일 뿐 능력의 차이가 아닙니다. 그냥 우리 아이의 성장 속도에 맞추면 됩니다. 짧은 시간이어도 매일 읽으면 글 읽는 실력은 금세 늡니다.

스스로 읽게 됐다고 해서 아이가 "책 읽어줘" 하고 뛰어오지 않을 거라는 뜻은 아닙니다. 아직은 엄마, 아빠 품에 안겨 책을 읽는 게 좋을 때니까요. 아이가 원할 때까지 충분히 읽어주세요. 부모가 원하지 않아도 머지않아 부모 품을 떠나 아이 혼자서 책 읽을 날이 옵니다. 그때는 우리 부모들이 섭섭할지도 모를 일입니다.

"
초등 1, 2학년은 독서 준비기.
조급함을 내려놓고 충분히 읽어주세요.
"

초등 1, 2학년 독서 지도법

읽기 독립 시기는 아이마다 다릅니다. 초등 1학년에 스스로 읽기로 넘어가는 아이도 있고 초등 2학년인데 읽어주기 단계에 머무는 아이도 있지요. 스스로 읽는 시기가 언제인지는 중요하지 않습니다. 초등 1, 2학년 안에만 하면 되니까 아이의 성장 속도에 따라 그에 맞는 방법으로 지도해 주세요.

스스로 읽기 이전인 초등 1학년

초등 1학년은 읽어주기를 주 독서로, 스스로 읽기를 보조 독서로 할 때입니다. 다만 보조 독서인 스스로 읽기는 해도 되고, 안 해도 됩니다. 만약 한다면 아이가 부담을 느끼지 않도록 짧게 하는 것이 중요합니다.

> 주 독서: 읽어주기 (하루 50분)
> → 보조 독서 (선택 사항): 스스로 읽기 (하루 5~10분)

스스로 읽기 이전인 초등 2학년

초등 2학년이 되면 글자를 읽는 것에 어느 정도 능숙해집니다. 그럼에도 스스로 읽으려 하지 않는 데는 몇 가지 이유가 있지요. 아이가 고르는 책이 아이가 읽기에 아직 버겁거나 스스로 읽는 수고로움을 감당할 정도로 흥미가 가지 않을 때, 스스로 읽기에 심리적 부담이 있을 때가 대표적입니다. 이 경우 읽어주기를 주 독서로 하고 스스로 읽기를 보조 독서로 하되, 스스로 읽기의 비중을 높일 필요가 있습니다. 책의 첫 부분만 읽어주고 나머지는 스스로 읽게 하는 1/3 독서법*이 효과적입니다.

> 1/3 읽어주기 → 2/3 스스로 읽기

스스로 읽을 수 있는 아이

초등 저학년은 성장 속도의 개인 차이가 큰 시기입니다. 똑같이 읽기 독립을 했다 하더라도 독서 능력은 제각각입니다. 제법 두꺼운 책을 꽤 긴 시간 동안 읽을 수 있는 아이가 있는가 하면 짧은 책을 조금만 읽어도 피로감을 느끼는 아이도 있습니다. 스스로 읽기를 무리하게 시키면 피로감이 누적되고, 독서를 힘들어하게 됩니다. 스스로 읽을 것인지 책 읽어주기를 할 것인지 아이에게 선택권을 주면 위험 소지를 없앨 수 있습니다. '독서 시간 한 시간을 운영하되 아이가 원할 때는 언제든지 읽어준다' 하는 원칙을 정해보세요.

> 매일 30분 책 읽기
> 단, 아이가 원하면 언제든 읽어주기로 전환하기

* 《공부머리 독서법》 115쪽, <⅓독서에 답이 있다>

03.
초등 1학년도 영유아 때처럼 읽어주면 되나요?

영유아 책 읽어주기와 초등 저학년 책 읽어주기는 성격이 전혀 다른 활동입니다.

영유아 책 읽어주기는 책을 매개로 하는 놀이 성격이 강합니다. 책을 소재로 할 수 있는 거의 모든 활동이 그림책 읽어주기의 방법이라고 할 수 있습니다. 반면 초등 저학년 책 읽어주기는 스스로 읽기의 보조 수단 성격이 강합니다. 스스로 읽기가 아직 서툰 아이를 위해 부모가 임시로 대신 읽어주는 독서 활동인 셈입니다.

초등 저학년 책 읽어주기는 세 가지 요령만 염두에 두면 됩니다.

첫째, 초등 저학년 아이에게 책을 읽어줄 때는 책에 적힌 활자 그대로 읽어주세요. 기왕이면 부모가 읽어주는 부분을 아이가 눈으로 좇으면 좋겠지만 강제할 필요는 없습니다. 아이가 눈으로 글자를 따라갈 수 있도록 속도를 조금 늦춰주는 정도만 배려해 주면 됩니다.

둘째, 부모가 대부분 내용을 읽어주되 간단한 대사는 아이가 읽을 수 있도록 유도해 주세요. 가장 간단한 방법은 "너 누구 역할하고 싶어?" 하고 등장인물 중 하나를 선택하도록 하는 겁니다. 선택한 등장인물의 대사 부분이 나오면 아이가 읽을 수 있도록 손가락으로 짚어줍니다. 십중팔구 더듬더듬 읽을 텐데 '잘한다, 잘한다' 응원해 주세요. 책 읽어주기를 하면서 간단한 스스로 읽기 훈련을 하는 것인데, 만약 아이가 "그냥 아빠가 읽어줘" 하고 거부할 때는 설득하려 하지 말고 그냥 읽어주면 됩니다.

셋째, 세 권의 책을 읽어준다고 했을 때 한 권 정도는 글책 형태로 된 책을 선택하도록 유도합니다. 초등 1학년 책은 판형이 큰 그림책 형태와 판형이 작은 글책 형태 두 종류가 있습니다. 글의 양이나 논리 수준의 차이는 없지만 글책에 대한 거부감을 줄일 수 있습니다.

초등 1학년은 독서 준비기입니다.

'이렇게 해서 언제 책을 제대로 읽을까?' 의구심이 들 수 있지만 지금은 이렇게 읽어줄 때입니다. 아이를 믿고 마음 푹 놓고 읽어주세요. 겉으로 잘 드러나지는 않아도 아이는 지금 힘차게 자라고 있으니까요.

> "
> 글은 적힌 그대로 읽어주기,
> 간단한 대사는 아이 스스로 읽게 하기,
> 가끔은 그림책 말고 글책 읽어주기.
> "

04.
읽기 독립은 어떻게 하나요?

초등 저학년은 주 독서를 읽어주기로, 보조 독서를 스스로 읽기로 할 때입니다. 그런데 막상 해보면 이런 의문이 듭니다.

'이렇게 해서 언제, 어떻게 스스로 책을 읽게 되고, 독서 수준이 올라간다는 거지?'

마냥 읽어주고 잠깐 스스로 읽기를 시키기만 해서는 발전 없이 늘 제자리걸음일 것 같은 불안감이 들지요. 그래서 수많은 부모님이 "오늘부터 스스로 읽어보자" 하는 방식으로 읽기 독립을 시키고,

"이제부터 초등 2학년 수준 책 읽어볼까?" 하는 방식으로 독서 수준을 끌어올리려고 시도하게 됩니다. 부모님과 아이 모두에게 부담을 주는 방식, 성공하더라도 상당한 부작용을 떠안을 수밖에 없는 방식입니다.

그렇다면 읽기 독립은 어떤 방식으로 해야 할까요? 핵심은 스스로 책 고르기에 있는데요. 지금부터 그 구체적인 방법을 살펴보도록 하겠습니다.

책 고르기의 힘

제가 서점을 열고 얼마 지나지 않았을 때의 일입니다. 손님 중 한 분이 자녀의 읽기 독립에 대한 고민을 털어놓았습니다.

"초등 1학년 여자아이인데요. 선생님 말씀대로 스스로 책을 고르게 하거든요. 그런데도 도무지 스스로 읽으려고 하지 않아요. 정말 이대로 둬도 되나요?"

부모님은 영유아 때부터 꾸준히 아이와 함께 도서관에 가서 책 고르기를 했다고 합니다. 그런데 1학년 2학기가 지나도록 좀처럼 관심이 확장되지도 않고, 스스로 읽기도 하려 들지 않는다는 거예요. 좀 이상하다 싶어 이것저것 캐묻다 보니 고르는 책에 문제가 있었습니다. 자기 흥미가 가는 책이 아니라 자꾸만 오빠가 읽는 과학책을 따라 골랐던 겁니다. 자기 나이와 취향에 맞지 않는 책들을 골랐으니 빌리기만 해놓고 펼쳐보지 않는 일이 많을 수밖에요.

"원래 오빠 따라쟁이이긴 한데, 책까지 이럴 줄은 몰랐어요.

네가 읽고 싶은 책 고르라고 해도 통 말을 안 들어요. 어쩌면 좋을까요?"

아이들 독서 지도를 하다 보면 이렇게 생각지도 못한 상황이 생깁니다. 문제라기보다는 책과 친해지는 과정에서 생기는 일종의 해프닝 같은 거죠. 답답한 마음이야 이해하지만 부모님이 잘 지도하고 있어서 달리 할 말이 없었습니다.

"오빠를 정말 좋아하나 보네요. 처음이라 그래요. 점점 나아질 거예요."

한두 달이나 흘렀을까요. 서점에 다시 방문한 부모님은 아이가 과학책 말고 자기가 좋아하는 공주 책을 고르기 시작했다는 소식을 전해주었습니다. 오빠가 좋다고 오빠가 읽는 책까지 좋아할 수는 없다는 걸 깨달은 거겠지요. 자기가 좋아하는 책을 고르면서 아이의 독서는 바로 변하기 시작했습니다. 책을 빌리기만 하고 거들떠보지도 않던 아이가 도서관에서 돌아오는 차 안에서부터 책을 펼쳐 보더니 길게는 아니지만 혼자서 몇 페이지 읽기도 하더랍니다. "책 읽어줄게" 하면 도서관에서 빌린 책을 냉큼 가져오고요.

"정말 신기했어요. 스스로 읽기 싫어하던 아이였는데 저 보고 싶은 책을 고르니까 조금씩 읽더라고요. 그것만 해도 다행이다 싶었어요."

책을 읽게 만드는 힘은 습관이 아니라 흥미와 재미입니다. 내용이 정말 궁금한 책, 재미있겠다 싶은 책을 만나면 누구나 펼쳐보게 됩니다. 그 아이도 마찬가지여서 정말 재미있겠다 싶은 책을 고른 날은 제법 길게 읽고, 재미없는 책을 고른 날은 조금 살펴보다 덮기도 하면서 조금씩 스스로 읽기를 했다고 합니다.

그러던 어느 날, 아이는 글씨가 빽빽한 100페이지가 훌쩍 넘는 책을 골랐다고 합니다. 여러 명의 공주 이야기를 엮은, 초등 중학년용 동화책이었습니다. 한 번도 도전해 본 적 없는 그 두꺼운 책이 아이의 마음을 단단히 사로잡은 모양이었습니다. 책을 빌려서 돌아오는 차 안에서 혼자서 떠듬떠듬 읽기 시작하더니 집에 오자마자 읽어달라고 했다고 해요. 어머니가 밀린 집안일 때문에 독서 시간에 읽어주겠다고 했더니 못 참고 혼자서 읽기 시작했답니다. 그것도 무려 한 시간을 꿈쩍하지 않고 말입니다. 다음 날도, 그다음 날도 이어서 읽더니 결국 혼자서 끝까지 다 읽어냈다고 합니다.

"나, 이 책 갖고 싶어. 이 책 사줘."

반납일이 다가왔을 때 아이가 말했다고 합니다. 그 책이 어디가 그렇게 좋았던 걸까요? 아이에게 물어봤더니 돌아오는 답이 예술이었습니다. 자기가 봤던 책 중에 그림이 제일 예뻤다는 거예요. 불과 한 달 전만 해도 스스로 읽기를 아예 못했던 아이가 그림이 예쁘다는 이유 하나만으로 초등 중학년 책을 완독해 낸 것입니다.

이것이 읽기 독립을 하는 방식, 독서가 확장되는 방식입니다. 진짜 마음에 드는 책 한 권이 스스로 읽기를 힘들어하는 마음, 두꺼운 책을 읽기 싫은 마음을 이겼을 때 읽기 독립과 독서 확장이 일어나는 거지요. 물론 이렇게 독서의 확장이 일어났다고 해서 내처 초등 중학년 책만 읽게 되는 것은 아닙니다. 아이는 아직 초등 1학년이고, 제 나이에 맞는 책에 더 흥미를 느낄 테니까요. 특별히 마음에 드는 책을 만나지 않는다면 제 나이에 맞는 책을 주로 읽겠지요.

하지만 아이의 독서 수준은 한 달 전과는 비교도 되지 않을 만큼 높아졌습니다. 이제 아이는 스스로 읽기를 아무 거리낌 없이 할 수 있게 되었습니다. 초등 1학년 책에 대한 부담이 전혀 없을 뿐 아니라 마음에 드는 책이라면 초등 3학년 수준의 책도 얼마든지 읽을 수 있는 아이가 됐으니까요. 글을 읽는 일이 쉬워진 만큼 책도 더 좋아하게 됐고요.

어떤 책을 읽혀야 하느냐고요?

독서는 특별히 고상하고 우아한 활동이 아닙니다. 보고 싶은 영화를 보고, 듣고 싶은 음악을 듣듯 읽고 싶은 책을 읽는 게 독서지요. 이건 선택 사항이 아닙니다. 영화나 음악조차 내 취향이 아니면 즐기지 못하는 게 사람입니다. 하물며 읽고 이해하는 수고로움이 드는 독서야 두말할 필요가 있겠습니까. 그러니 '초등 1학년 때는 이런저런 책을 읽으면 좋다'거나 '초등 2학년은 이런저런 교과 연계 도서를 읽어야 한다'라는 생각은 아예 내려놓자고요. 그런 독서는 효과적이지 않고 가능하지도 않습니다.

독서가가 된다는 것은 서가라는 생각의 바다를 여행하는 항해자가 되는 일입니다. 책을 고를 때는 그저 흥미가 가는 대로, 마음이 가는 대로 고릅니다. 그런데 뒤에 가서 돌아보면 그렇게 즉흥적으로 골라 읽은 책들 사이에 묘한 연결성, 궤적을 발견할 수 있습니다.

그 사람이 누구인지 말해주는, 그 사람이 거쳐온 생각의 항적이지요. 재미있는 점은 아이 자신도 자기의 다음 항적이 어디일지 모른다는 점입니다. 도서관 서가로 걸어 들어가서 마음을 사로잡는 책 한 권을 발견했을 때, 그때 비로소 '내 다음 항적이 여기구나' 하고 알게 되지요.

방법은 간단합니다. 아이와 함께 도서관에 갑니다. 그리고 아이 스스로 책을 고르게 합니다. 부모가 해줄 일은 이게 전부입니다. 도서관 서가의 그 많은 책 중에 어떤 책을 집어들 것인가. 그건 전적으로 아이의 몫입니다. 독서라는 이 배의 선장은 다른 누구도 아닌, 아이 자신이니까요.

> "
> 읽어주기를 기다릴 수 없을 만큼
> 흥미로운 책을 만나면
> 아이는 스스로 읽기 독립을 합니다.
> "

05.
아이가 책 고르기를 힘들어해요

독서 지도의 기본 원칙 중 하나는 '재미있을 것 같은 책을 아이가 직접 고르게 한다'입니다. 문제는 이 간단해 보이는 일이 막상 해보면 간단치 않을 수 있다는 점입니다. 아이에게 책 선택의 자유를 주었더니, "아빠가 골라 와주면 안 돼?" 하고 도서관 가는 것을 거부하거나, "책이 너무 많아. 못 고르겠어"라며 도서관에 함께 가긴 했는데 무슨 책을 골라야 할지 몰라 난감해하거나, "재미없어. 읽기 싫어" 하고 기껏 골라 온 책을 거들떠보지 않을 수도 있습니다.

그냥 재미있을 것 같은 책을 고르면 되는데, 왜 이 간단한 것을 어려워하고 싫어할까요?

책 고르기를 어려워하는 이유

책 고르기를 잘하느냐, 못하느냐는 두 가지 요소에 의해 결정됩니다. 하나는 책을 좋아하는 정도, 다른 하나는 책을 골라본 경험입니다. '닭이 먼저냐? 달걀이 먼저냐?'처럼 느껴질 수 있지만 책 고르기를 잘하려면 일단 책을 좋아해야 합니다. 책을 재미있게 읽은 경험이 있어야 '이렇게 재미있는 책을 또 읽고 싶다'라는 생각이 들고, 그래야 책을 고를 마음이 생기니까요. 반대로 책을 싫어하면 '이 책이나 저 책이나 다 재미없고 지루한데 왜 굳이 책을 골라야 하지?'라고 느끼게 되지요. 책에 대한 기대가 없으니 책 고르기를 성가시고 귀찮은 일로 여기는 겁니다. 도서관에 함께 가기도 어렵고, 억지로 데려가 봐도 아무 책이나 보이는 대로 집어들 가능성이 큽니다.

부모가 골라준 책만 읽은 아이, 스스로 책을 골라본 경험이 부족한 아이는 책을 좋아하더라도 책 고르기를 어려워합니다. 엄마 아빠가 "이 책 좋대. 이거 읽자", "이 책 재미있겠지?" 하니까 그런가 보다 하며 읽지만, 그 책이 다른 책에 비해 어디가 어떻게 좋은지, 왜 더 재미있는지 아이는 알쏭달쏭합니다. 스스로 책을 골라보지 않아서 좋은 책, 재미있는 책에 대한 자기 기준을 세울 기회가 없었던 것이지요. 그러니 "네가 재미있을 것 같은 책을 고르면 돼"

라고 말해줘도 우물쭈물 난처해하다가 엄마 아빠에게 도움을 청하기 십상입니다. "그냥 엄마가 골라 와줘", "난 아빠가 골라주는 책이 재미있더라" 하는 식으로요.

책을 싫어하는 아이든, 책을 골라본 경험이 없는 아이든 지금 상태로는 독서를 이어 나갈 수 없습니다. 초등 고학년, 청소년이 되면 결국 독서를 그만두게 됩니다. 독서를 이어가는 데 있어서 책 고르는 능력은 필수이기 때문입니다. 멀고 험한 길이 아닙니다. 책을 싫어하는 아이에게는 마음을 사로잡는 책 한 권을 만나는 경험이, 책을 골라본 적이 없는 아이에게는 내가 고른 재미있는 책을 만나는 경험이 필요할 뿐이지요.

도서관 가는 걸 싫어해요

하늘을 봐야 별을 딴다고 책 고르기를 하려면 우선 아이를 도서관에 데려가야 합니다. 아이가 순순히 따라나서 주면 다행이지만 기질에 따라, 책을 싫어하는 정도에 따라 끝끝내 안 가겠다고 버틸 수도 있습니다. 이렇게 고집을 부리면 방법이 없습니다. 강제로 끌고 갈 수도 없는 노릇이고, 설사 끌고 간다고 해도 책을 고르게 만들 수는 없으니까요. 이럴 땐 아이가 자기가 책을 고르는지도 모르게 고르는 경험을 하도록 만들어야 합니다.

우선 부모님이 아이가 좋아할 만한 책을 도서관 대출증 한도껏 빌려옵니다. 아이에게 그 책들을 보여준 후 그중에서 읽고 싶은 책들을 고르게 합니다. 고른 책을 다 읽으면 책을 모두 반납하고 다시

도서 대출증 한도껏 책을 빌려와 고르게 합니다. 도서관 어린이실 전체에서 책을 고르는 것이 아니라 부모님이 골라 온 후보 중에서 책 고르는 연습을 하는 셈입니다. 이렇게 부모가 빌려온 책으로 고르는 연습을 몇 번 한 후에는 도서관에 갈 '우연'한 기회를 만듭니다. 온 가족이 함께 나들이를 가거나 마트에 갔다가 돌아오는 길에 슬쩍 도서관에 들르는 식으로요. 물론 아이가 투덜댈 수 있습니다. 그럴 때는,

"아빠가 도서관에서 빌릴 책이 있어서 그래."

아이 책이 아니라 부모님 책을 빌리러 간다고 시침을 뚝 떼세요. 가기 싫어서 투덜거리던 아이도 일단 도서관에 발을 들이고 나면 책 구경 말고 달리 할 일이 없습니다. 그러면 어렵지 않게 한두 권이라도 책을 고르게 만들 수 있습니다.

이 외에도 도서관에 데려가는 방법은 여러 가지입니다. 아이의 저항이 그리 심하지 않다면 도서관에 갈 때마다 근처 문방구, 마트에 들러 작은 장난감이나 아이스크림을 사주는 걸로 도서관에 대한 호감도를 높일 수도 있고, 그냥 앉아서 진지하게 아이와 대화를 나누는 것만으로 설득에 성공하는 집도 있습니다. 아이의 기질과 상황에 맞는 방법을 찾으면 되는 거죠.

일단 도서관 문턱을 트면 절반은 성공한 것이나 마찬가지입니다. 재미있는 책을 고를 확률은 떨어질지언정 도서관에 가는 것만으로도 곧바로 책을 턱턱 고르는 아이도 꽤 많거든요. 물론 선뜻 책을 고르지 못하고 주저하는 아이도 있지만요.

책 고르기를 주저하는 아이

책 고르기를 주저하는 아이가 의외로 많습니다.

"아빠. 책이 너무 많아. 뭘 골라야 할지 모르겠어."

서가로 들어가지 못하고 난감해하기도 하고, 이 책 뽑았다 저 책 뽑았다 할 뿐 좀처럼 선택을 못 하는 아이도 있습니다. 책을 골라본 경험이 부족하다 보니 어떤 책을 골라야 할지 모르는 것이지요. 이럴 때는 선택의 폭을 서가의 한 칸으로 줄여주는 게 도움이 됩니다.

"오늘은 이 칸에서 골라보자."

아이가 재미있게 읽었던 책이 꽂혀있는 칸, 아이가 좋아하는 분야의 책이 있는 칸에서 책을 고르게 하는 겁니다. 그리고 책을 구경하는 방법을 직접 보여주세요.

"어떤 책이 재미있을까나?"

손으로 책등을 훑다가 아이가 흥미를 보이는 제목의 책이 있으면 꺼내서 표지를 보여주는 겁니다. 이렇게 몇 권 살펴보다 보면 아이가 선택하는 책이 나오기 마련입니다. 물론 이렇게 골랐다 하더라도 그 책이 아이가 재미있게 읽을 수 있는 책일 확률은 낮습니다. 아이는 아직 책 고르기 초보니까요. 생각보다 재미없어서 아이가 힘들어하는 책은 부모님이 읽어주셔도 되고, 다른 책을 읽게 하셔도 됩니다. 그렇게 하다 보면 스스로 고른 책 중에 끝까지 읽는 책이 나오고, 책 고르는 감각도 조금씩 나아집니다.

> "도서관에 데려가기,
> 스스로 고를 수 있게 도와주기."

책 고르기를 돕는 방법

독서 생활의 기본이자 대원칙은 '독자인 아이가 읽고 싶은 책을 골라 재미있게 읽는다'입니다. 문제는 이 대원칙이 말처럼 쉽지 않다는 것이지요. 도서관 가기를 거부하는 아이도 많고, 어렵게 도서관에 끌고 가도 책을 제대로 고르지 못하는 아이도 있습니다. 이럴 때는 어떻게 해야 할까요?

1. 도서관에 데려가는 방법
아이가 도서관 가기를 귀찮아하면 제대로 된 독서 생활을 시작하는 것 자체가 어려워집니다. 아이의 성향을 고려해 도서관에 데려갈 방법을 찾아보세요.

- "산책하러 가자", "놀이터 가자"
"도서관에 가자"가 아니라 "산책하러 가자", "놀이터 가자"라고 말해보세요. 도서관에 가기 위해 집을 나서는 게 아니라 산책하거나 놀이터에 갔다가 도서관에 가볍게 들르는 겁니다. 도서관 가기에 대한 부담도 없앨 수 있고, 도서관에 대한 긍정적인 이미지도 심어줄 수 있습니다.

- 가족 외출 시 도서관 들르기
가족과 함께 장을 보러 가거나 나들이하러 갔다가 돌아올 때 도서관에 들러보세요. 부모님이 읽을 책을 빌리러 간다고 말하는 겁니다. 부모님이 책을 고르는 동안 아이는 딱히 할 일이 없습니다. 자연스레 도서관 서가를 구경하게 되지요.

- 도서관 근처 문구점이나 마트에서 간식이나 작은 선물 사주기
아이가 도서관을 싫어한다면 도서관 나들이를 즐거운 놀이로 만들 방법을 찾아보세요. 도서관에 다녀오는 길에 놀이터에 들르거나 근처 분식점에서 가벼운 간식을 함께 먹거나, 문구류나 자잘한 장난감 따위를 선물하는 거지요. 의외로 성공 사례가 많은 접근법입니다.

- 도서관 문화 프로그램 이용하기
도서관에서는 다양한 문화 프로그램을 무료로 운영하고 있습니다. 아이들이 좋아하는 애니메이션을 상영하거나, 인형극 공연, 만들기 체험, 가족 독서 프로그램을 진행하기도 하지요. 도서관 프로그램을 이용해 우리 가족의 추억을 쌓아보세요. 아이가 도서관을 친근한 공간으로 느낄 수 있도록요.

2. 아이가 책 고르기를 어려워한다면
도서관은 곧잘 따라나서는데 책 고르기를 어려워하는 아이도 있습니다. 부모님이 조금만 도와주면 좀 더 쉽게 책 고르기를 할 수 있습니다.

- 서가 한 칸에서 고르기
스스로 책을 고른 경험이 부족한 아이는 책을 고를 때 주저하기 마련입니다. 책이 너무 많아 어디서부터 어떻게 시작해야 할지 막막한 것이지요. 그럴 때는 연령에 맞는 책, 재미있게 읽었던 책이 꽂힌 서가 앞으로 아이를 데려가세요. 그리고 "오늘은 이 칸에서 골라보자" 하고 서가 한 칸 안에서 읽을 책을 찾게 합니다. 이렇게 한 칸을 지정했는데도 아이가 주저한다면 부모님이 아이가 재미있어할 만한 책 한 권을 집어 "이 책 어때?" 하고 권유해 보세요.

책 고르기에 도서관이 가장 좋은 장소인 이유
도서관은 독서 생활의 베이스캠프 역할을 하는 곳입니다. 책을 구경하고 고르는 데 있어서 도서관만큼 좋은 곳이 없기 때문입니다. 도서관에는 모든 책이 십진분류법에 따라 공평하게 진열돼 있습니다. 잘 팔리는 책이라고 더 눈에 띄게 진열하지도 않고, 장난감이 포함된 책이나 스티커북도 없습니다. 덕분에 아이는 책이 아닌 다른 것에 한눈팔지 않고, 편견 없이 책을 살펴보고 고를 수 있습니다. 게다가 아무리 많은 책을 구경하고, 고르고, 빌려도 돈이 전혀 들지 않지요.

06.
이야기책만 읽으려고 해요

독서의 효과는 어떤 책을 읽느냐가 아니라 얼마나 몰입할 수 있느냐에 달려있습니다. 책에 몰입할 수 있도록 유도하는 방법은 하나뿐입니다. 공룡 책을 읽고 싶어 하는 아이에게는 공룡 책을, 자연 관찰 책을 읽고 싶어 하는 아이에게는 자연 관찰 책을, 이야기책을 읽고 싶어 하는 아이에게는 이야기책을 읽게 해주면 됩니다.

이야기책만 읽으려고 하는 것은 문제가 아닙니다. 아이에게 좋아하는 장르의 책이 있고, 이야기책을 통해 진짜 독서를 하고 있다는 뜻이니까요. 게다가 이야기책은 초중등 단계에서 문해력 향상 효과가 가장 크게 나타나는 책입니다. 이 방면에서는 지식도서가 비할 바가 못 됩니다.* 실제로 문해력이 뛰어난 어린 독서가 대부분은 지식도서를 탐독하는 아이가 아니라 이야기책 마니아입니다. 인터넷을 조금만 뒤져봐도 이런 사례는 차고 넘치게 찾을 수 있습니다. 고등학생 때 갑자기 우등생이 됐다는 어떤 여학생은 로맨스 소설의 열광적인 팬이었고, 이상하게도 공부가 쉬웠다는 어떤 변호사는 못 말리는 무협지 '덕후'였던 식입니다.

이야기책을 좋아하는 아이에게 지식도서를 읽게 하는 것은 해서도 안 되지만 할 수도 없는 일입니다. 아이들과 함께 지식도서 독서 논술 수업을 해보면 바로 알 수 있는 사실입니다. 대부분 아이가 지식도서 수업을 할 때 책을 제대로 읽어오지 못합니다. 책을 읽다가 중도에 포기하는 아이가 많고, 읽었다 하더라도 내용을 기억하지 못하는 경우가 대부분입니다. 지식도서 자체가 진입장벽이 높은 종류의 책인 데다 자기 호기심에 이끌려 고른 책도 아니니 읽어내지 못하는 것입니다.

강제성을 띠는 독서 수업도 이런데 가정에서 억지로 지식도서를 읽히면 그 결과는 불을 보듯 뻔합니다. 백이면 백 읽지 못하거나, 읽어도 글자만 읽고 마는 상태에 빠지게 됩니다. 당연히 독서의 재미도, 효과도 볼 수 없습니다.

---

* 이야기책이 지식도서보다 문해력 향상 효과가 훨씬 더 크게 나타나는 이유는 <2부 7장 지식도서만 읽으려고 해요> 참고

그러니 이야기책을 좋아하는 아이에게 지식도서를 읽히겠다는 마음은 내려놓으세요. 지식은 지식대로 접하면 됩니다.

지식에 대한 관심을 키우는 법

초등학생에게 지식은 이해하는 것이라기보다는 접하는 것에 가깝습니다. 밀물과 썰물이 왜 발생하는지 이해하기에 앞서 밀물과 썰물이 있다는 것을 아는 것, 금속인 수은이 왜 상온에서 액체 상태인지 이해하는 데 앞서 액체인 금속이 있다는 것을 아는 것, 이순신 장군의 정치적 상황을 이해하기보다는 왜군을 물리쳤다는 사실을 아는 게 핵심인 시기입니다.

이런 지식의 노출은 당연히 현실감이 높을수록 좋습니다. 호랑이의 생태를 글로 읽으면 '아, 그렇구나' 하고 말게 되지만 호랑이를 다룬 다큐멘터리를 보거나 살아있는 호랑이의 모습을 직접 보면 책을 읽을 때와는 다른 생생한 충격을 받게 됩니다. 판 구조론을 글로 읽으면 감흥을 느끼기 힘들지만 항공 촬영으로 찍은 판과 판 사이의 경계를 영상으로 보면 온몸에 소름이 돋습니다. 바로 이런 충격과 경이로움, 신기함이 지식에 대한 열망을 만들어냅니다. 그러니 당연히 활자 기반 지식도서를 읽는 것보다 화보형 지식도서를 읽는 것이, 화보형 지식도서보다는 다큐멘터리나 유적지에 직접 가는 것이 훨씬 효과적입니다.

물론 이렇게 지식을 접한다고 해서 아이의 호기심이 바로 눈에 띄게 커지거나 당장 지식도서를 읽게 되는 것은 아닙니다. 겉으로 보면 오히려 '다큐멘터리나 유적지를 보여주는 게 도대체 무슨 소용이 있나?' 싶은 의구심이 들기 쉽습니다. 답사 활동은 특히 그렇습니다. 1,500년 된 고찰이나 신기한 물고기가 많은 수족관에 데려가 봐야 잠깐 관심을 보일 뿐 금세 신나게 뛰어다니고 딴짓을 하는 게 아이들이니까요. 겉으로만 보면 아이에게 아무런 변화도 일어나지 않는 것 같지만 실제로는 그렇지 않습니다.

"어, 여기! 나 여기 갔었어!"

그 위력은 자신이 갔던 곳을 교과서나 책에서 발견했을 때 비로소 드러납니다. 교과서에 나오는 그곳, 책에서 다루는 그곳은 바로 엄마 아빠와 조개를 캤던 곳, 동생과 아이스크림을 먹으며 뛰어다녔던 바로 그곳입니다. 그 순간 아이는 자기도 모르게 지식은 책 속에 갇힌 정보가 아니라 내가 살고 있는 세상의 일부라는 것을 느끼게 됩니다. 이런 자각이 쌓이고 쌓여 지식에 대한 강한 호기심을 만들어냅니다. 그리고 그 호기심이 아이를 지식도서 독서로 이끌어 줄 단초가 되지요. 그러니 아이가 세상의 구석구석을 발견하고, 그 경이로움에 감탄할 수 있도록 이끌어주세요. 그 별것 아닌 것 같은 일이 지적 호기심의 싹이 됩니다.

> "
> 초등학생은 지식도서를 읽을 시기가 아니라
> 지식도서를 읽을 준비를 하는 시기.
> "

지식에 대한 호기심 키우는 법

초등학생에게 지식은 이해하는 것이라기보다는 노출되는 것에 가깝습니다. 당연히 현실감 있는 노출이 더 효과적입니다. 사진이나 그림 위주로 된 화보형 지식도서, 다큐멘터리, 현장 체험 학습을 활용해 보세요.

다큐멘터리 보는 시간 갖기

'지식도서를 왜 좋아하게 됐느냐?'라는 질문을 종종 받는데요. 지식에 대한 제 호기심의 8할은 의심의 여지없이 어릴 때 즐겨 봤던 <동물의 왕국> 덕분입니다. 요즘은 유튜브에서도 아이들이 볼만한 다큐멘터리를 쉽게 찾을 수 있습니다. 우주, 동물, 로봇 등 아이가 좋아할 만한 분야에서 10~15분 정도 되는 짧은 다큐멘터리를 찾아 함께 시청해 보세요. 지식에 대한 호기심을 기를 수 있습니다.

도서관 갈 때마다 화보형 지식도서 빌려오기

아이와 함께 도서관에 갈 때마다 부모님 몫으로 화보형 지식도서를 한두 권씩 빌려 식탁이나 소파에 얹어놔 보세요. 글이 많지 않은 데다 그림을 보는 재미가 쏠쏠해서 아이의 흥미를 쉽게 끌 수 있습니다. 독서 시간에 부모님이 읽는 모습을 보여주면 더욱 좋습니다.

현장 체험 학습

가족 여행을 갈 때 그 지역의 박물관이나 문화 유적, 천문대를 방문해 보세요. 보이게, 보이지 않게 아이에게 큰 영향을 끼칩니다.

07.
지식도서만 읽으려고 해요

아이가 어떤 책을 읽는가는 독서 지도의 영역이 아니라 발견의 영역입니다. '이야기책만 읽으니 지식도서도 읽혀야겠다', '지식도서만 읽으니 이야기책도 읽혀야겠다'가 아니라 '문학을 좋아하는구나', '공룡을 좋아하네' 하고 인정하고 아이가 좋아하는 책을 마음껏 읽을 수 있도록 응원해 주어야 하는 거죠. 독서를 확장해 줄 욕심에 다른 분야의 책을 억지로 읽히면 독서가 확장되는 게 아니라 책을 안 읽게 되니까요.

아이가 지식도서를 좋아한다면 지식도서 독서가의 특징을 이해하고 그에 맞게 이끌어주는 것이 무엇보다 중요합니다.

어린이 지식도서 독서가 특징
① 특정 분야 전문가

꼬마 지식도서 독서가의 첫 번째 특징은 공룡이면 공룡, 지질학이면 지질학 하는 식으로 한 분야를 집중적으로 편독하는 경우가 많다는 점입니다. 이런 현상이 일어나는 이유는 지식도서를 읽게 되는 메커니즘과 관련이 깊습니다. 물론 새로운 지식을 알게 되는 것 자체가 좋아서 백과사전을 처음부터 끝까지 읽는 식으로 독서를 하는 아이도 있긴 합니다. 하지만 그 수가 매우 적습니다. 지식도서를 좋아하는 아이 대부분은 지식도서 자체를 좋아한다기보다는 좋아하는 특정 분야가 궁금해서 지식도서를 읽습니다. 공룡을 좋아해서 공룡 책을 읽고, 지질학을 좋아해서 지질학책을 읽는 식으로요.

많은 부모님이 이렇게 한 분야의 책만 집요하게 읽는 패턴을 걱정합니다. 한 분야를 섭렵해서 훤히 알게 된다 한들 그 지식이 학교 공부에 크게 도움이 될 것 같지 않으니까요. 골고루 읽어서 균형 잡힌 지식을 쌓는 편이 훨씬 좋다고 생각하는 거지요. 그런데 실제로 일어나는 일은 다릅니다. 골고루 읽힌다고 읽을 수 있는 것도 아닐뿐더러 설사 골고루 읽어낸다고 하더라도 십중팔구 공부에는 별 도움이 되지 않기 때문입니다.

아이들의 뇌는 저장 장치인 하드디스크가 아니라 순간 기억 장치인 램과 같습니다. 책을 덮는 순간 독서를 통해 얻은 정보는 빠른 속도로 휘발될 수밖에 없지요. 이런 상태의 아이가 지식도서를 골고루 균형 잡히게 읽는다고 생각해 보세요. 역사 찔끔, 생물학 찔끔 하는 식으로 읽게 되니 그 어떤 분야도 제대로 알기 힘들어집니다. 이도 저도 아니게 되는 겁니다.

반면 한 분야의 책을 집중적으로 읽은 아이는 관심 분야에 있어서는 해박한 지식을 갖게 됩니다. 한 분야의 책을 읽는 것 자체가 지식을 반복 학습하는 행위이기 때문입니다. A라는 책을 통해 알게 된 공룡에 대한 지식은 B라는 다른 책을 읽을 때 일정 부분 반복됩니다. C라는 책을 펼치면 새로운 정보와 함께 반복되는 정보를 다시 접하게 됩니다. 이렇게 관심 분야의 정보를 다각도로 반복해서 접하니 많은 정보를 정확하게 기억할 수 있는 거죠.

정작 더 중요한 것은 지식을 쌓는 과정에서 얻게 된 지식 습득 능력입니다. 한 분야의 지식을 해박할 정도로 처리해 본 아이는 그렇지 않은 아이와는 비교도 되지 않을 만큼 뛰어난 지식 습득 능력을 갖추게 되기 때문입니다.

아이가 한 분야의 책만 읽는 것은 단점이 아니라 장점입니다. 설사 그 분야가 학교 공부와 아무 상관이 없다고 하더라도요. 또 지금 몰입하고 있는 분야에 영원히 머물지도 않습니다. 실컷 들여다보고 나면 자연스레 다른 분야로 관심이 넘어갑니다.

어린이 지식도서 독서가 특징
② 발췌독

지식도서를 많이 읽는 아이의 또 다른 특징은 발췌독입니다. 책을 처음부터 끝까지 찬찬히 읽는 게 아니라 페이지를 휘리릭 넘기다가 흥미가 가는 소제목이나 그림을 발견하면 멈춰서 그 부분만 읽는 경우가 많습니다.

지식도서를 좋아하는 아이가 발췌독을 많이 하는 이유는 어린이 지식도서 특유의 구성 방식 때문입니다. 인과관계의 사슬을 탄탄하게 이어가는 성인용 지식도서는 앞부분을 이해하지 못하면 뒷부분을 이해할 수 없는 경우가 많아서 발췌독을 하기 어렵습니다. 그런데 어린이 지식도서는 나열식, 백과사전식 구성을 취하는 경우가 많아 발췌독하기 좋습니다.

예를 들어 갯벌을 다룬 어린이책이라고 하면 '갯벌은 이런 것이에요 - 갯벌에는 이런저런 종류가 있어요 - 갯벌에는 이런저런 생물이 살아요 - 갯벌은 이런저런 역할을 해요' 하는 식으로 내용을 구성합니다. 갯벌이라는 하나의 주제를 다루고 있으니 각 항목 사이에 연결 고리가 있는 것 같지만 사실은 갯벌에 관한 각기 다른 내용을 모아서 정리해 놓은 것에 가깝습니다. '갯벌은 이런 것이에요' 하는 부분을 읽으면 '아, 갯벌은 이런 거구나' 하고 궁금증이 해결됩니다. 갯벌에 특별히 관심이 있는 게 아닌 이상 뒷부분을 읽을 이유가 딱히 생기지 않습니다. 갯벌의 생태가 궁금해서 앞부분을 건너뛰고 '갯벌에는 이런저런 생물이 살아요' 하는 부분을 읽는다고 해도 마찬가지입니다. 앞부분을 읽지 않아도 갯벌의 생태를 아는 데 아무런 지장이 없습니다. 이렇게 각 소목차의 내용이 독립적이다 보니 책을 넘겨보다가 흥미가 가는 부분만 읽어도 특별한 문제가 생기지 않는 거죠. 읽고 싶은 부분만 읽으니 오히려 더 재미있습니다.

어린이 지식도서가 이런 나열식 구성을 취하는 이유는 지식의 특성 때문입니다. 어떤 지식이든 인과관계에 맞게 서술하려면 성인용 지식도서 정도의 언어 수준과 원고량이 필요합니다. 지진을 이해하려면 맨틀 대류 현상을 이해해야 하고, 맨틀 대류 현상을 이해하려면 지구의 내부 구조를 이해해야 하고, 지구의 내부 구조를 이해하려면 지구형 행성의 생성 원리를 이해해야 합니다. 이 인과관계를 충실하게 담으면 500~600쪽을 예사로 넘게 됩니다. 어린이가 감당할 수 있는 언어 수준과 분량으로는 지식을 인과관계에 맞게 설명하는 것이 불가능한 셈입니다.

어린이 지식도서의 나열식 구성이나 아이가 지식도서를 발췌독하는 것 모두 지식의 노출이라는 초등 지식 독서 본연의 목적에 알맞은 방식입니다. 그러니 열정을 갖고 재미있게 읽고 있다면 발췌독하든 통독하든 아이는 지식도서를 목적에 맞게 제대로 읽고 있는 셈입니다.

어린이 지식도서 독서가 특징
③ 낮은 언어능력 향상 효과

어린이 지식도서 독서가의 또 다른 특징은 이야기책 독서가보다 언어능력 향상 효과를 적게 누린다는 점입니다. 기초언어능력 평가를 할 수 있는 초등 고학년을 기준으로 말씀드리면 책을 읽지 않거나 제대로 읽지 않는 비독서가는 자기 학년보다 언어능력이 한두 단계 낮게 측정되는 게 일반적입니다. 지식도서 다독가들은 또래 수준이거나 1~2단계 높게 측정됩니다. 이야기책 독서가들은 초등 5학년이 중등 2, 3학년 수준인 식으로 3~4단계 높은 언어능력을 갖춘 경우가 많습니다. 언어능력 향상 효과 정도를 등식으로 정리하면 '비독서가 < 지식도서 독서가 < 이야기책 독서가'로 표현할 수 있는 거지요.

기초 문해력은 '언어 논리의 길이와 복잡성을 따라가는 힘'입니다. 교과서의 글은 학년이 올라갈수록 길고 복잡해집니다. 초등 1학년 교과서 정도의 짧고 단순한 설명을 따라가며 이해할 수 있으면 초등 1학년의 문해력을 갖고 있는 것이고, 중등 1학년 교과서 정도로 길고 복잡한 설명을 따라가며 이해할 수 있으면 중등 1학년의 문해력을 갖고 있는 것입니다. 결국 길고 복잡한 설명을 얼마나 잘 따라가며 이해할 수 있느냐가 기초 문해력의 핵심인 겁니다. 그리고 이 방면으로는 어린이 지식도서가 이야기책을 따라갈 수 없습니다.

예를 들어 어떤 아이가 70페이지짜리 동화 한 편을 읽었다고 해보겠습니다. 이 70페이지의 글은 하나의 맥락, 하나의 줄거리로 이어집니다. 결과적으로 아이는 70페이지 길이의 단일한 맥락을 가진 언어 사고를 다룬 것이 되지요.

그런데 동일한 두께의 지식도서를 읽을 때는 발췌독을 하지 않고 처음부터 끝까지 읽는다고 해도 이야기책을 읽는 것과 같은 효과를 누릴 수 없습니다. 어린이 지식도서는 나열식, 백과사전식으로 구성된 경우가 많습니다. 단일한 하나의 맥락으로 이어진 70페이지가 아니라 짤막짤막한 맥락을 모아놓은 70페이지인 것입니다. 이야기책이 2미터짜리 끈이라면 어린이 지식도서는 10센티미터짜리 짧은 끈 20개를 모아놓은 것과 같은 셈이죠.

정리하면 이렇습니다.

이야기책을 읽을 때 아이는 긴 맥락을 다루게 됩니다. 그러니 길고 복잡한 설명을 따라가는 힘도 쉽게 향상됩니다. 반면 지식도서를 읽을 때는 짤막짤막한 맥락을 다루게 됩니다. 지식은 얻게 되지만 상대적으로 길고 복잡한 설명을 따라가는 힘을 기르는 데는 취약해집니다. 자신이 읽은 지식을 상호 연결해서 사고하는 유형의 아이가 아닌 이상 지식도서 독서의 문해력 향상 효과는 제한적일 수밖에 없는 겁니다.

이야기책이 좋고, 지식도서가 나쁘다는 말씀을 드리는 게 아닙니다. 초등 시절 문해력 측면에 국한된 이야기일 뿐 지식도서 독서는 그만의 장점을 갖고 있으니까요. 청소년기까지 이어갈 수 있다면 지식도서 독서는 문해력 측면에서도 엄청난 폭발력을 보여줍니다. 제가 말씀드리고 싶은 것은 부모님이 아이가 좋아하는 지식도서 독서의 특성을 이해할 필요가 있다는 것입니다. 지식도서를 좋아하는 자녀를 둔 부모님 중에는 '아이가 책을 읽는 것에 비해 문해력이 높지 않은 것 같다'라는 의문을 가진 분이 많습니다. 아이의 독서에 무슨 문제가 있어서가 아니라 어린이 지식도서 독서의 일반적인 특성이 나타난 것일 뿐입니다.

어린이 지식도서 다독가를 지도하는 법

이야기책 다독가에게 지식도서를 강요할 수 없듯 지식도서 다독가에게도 이야기책을 강요할 수 없습니다. 그렇다면 문해력 향상 효과는 일정 부분 포기해야 하는 걸까요? 그렇지 않습니다. 아이가 몰입하는 그 분야에 더 깊이 빠져들면 얼마든지 보완할 수 있습니다. 예를 들어 공룡이 주 전문 분야인 아이라면 모든 활동을 공룡에 맞춥니다. 도서관에 있는 공룡 책이란 공룡 책을 다 섭렵하고, 공룡 다큐멘터리를 찾아서 보여주고, 공룡 박물관에 놀러 가는 식으로요. 아이가 아예 공룡 박사가 되게 돕는 거죠.

이렇게 전문 분야에 집중했을 때 얻을 수 있는 첫 번째 효과는 저절로 이야기책을 읽게 된다는 점입니다. 공룡이든, 우주든, 로봇이든 주 분야의 모든 책이 지식도서의 형태를 띠는 것은 아닙니다. 공룡이 등장하는 이야기책, 우주를 배경으로 하는 이야기책도 많습니다. 좋아하는 분야의 이야기책을 읽는 것만으로도 상당한 언어능력 향상 효과를 볼 수 있는 데다 그렇게 읽게 된 이야기책이 운 좋게도 아이의 마음을 사로잡는다면 그 책을 계기로 이야기책의 재미에 눈을 뜰 수도 있습니다.

두 번째 효과는 아이의 머릿속에 지식의 맥락이 생긴다는 점입니다. 전문 분야의 지식이 정도 이하일 때는 아이의 머릿속 지식이 따로따로 놉니다. 그런데 관련 지식의 양이 늘다 보면 따로 놀던 지식 사이에 연결망이 생깁니다. 근초고왕, 광개토대왕, 진흥왕을 따로따로 알고 있다가 그들 사이에 밀접한 연관 관계가 있다는 것을 깨닫게 되는 식이지요. 지식이 점점 입체적으로 구축되는 겁니다. 머릿속에 단편적으로 떠돌던 정보들이 서로 연결되면 될수록, 입체적이면 입체적일수록 문해력도 향상됩니다. 아이의 머릿속에 담긴 '공룡'이라는 지식 체계가, '한국사'라는 지식 체계가 한 권의 책처럼 점점 더 치밀해지기 때문입니다. 그러니 아이가 지식도서를 탐독하고 있다면 좋아하는 그 분야에 더 몰입할 수 있도록 이끌어주세요. 독서에 대한 열정을 잃지 않으면서 뛰어난 독서가로 성장할 수 있는 가장 확실한 길입니다.

> "좋아하는 분야에 더 깊이 빠져들 수 있도록 이끌기."

지식도서 다독가에게 이야기책 권하는 법

기본적으로 부모님은 아이의 독서 목록을 디자인해 줄 수 없고, 해줘서도 안 됩니다. 아이가 원하는 대로 읽게 두어야 합니다. 다만 이야기책에 관심을 가질 기회를 제공할 수는 있습니다. 도서관에 갈 때 부모님 몫으로 아이가 좋아하는 분야의 이야기책을 한두 권 빌려와 눈에 띄는 곳에 놔둬 보세요. 공룡을 좋아하는 아이라면 공룡이 나오는 이야기책을, 지구과학을 좋아하는 아이라면 화산이나 지진이 나오는 이야기책을 선택하면 됩니다. 물론 읽느냐, 마느냐는 전적으로 아이의 선택에 맡겨야 합니다.

08.
만화책 같기도 하고 그림책 같기도 한 책, 읽게 놔둬도 될까요?

"우리 아이는 《윔피키드》나 《엉덩이 탐정》, 《13층 나무집》 시리즈 같은 책들을 좋아하는데요. 만화는 아닌데 만화와 비슷한 부분이 많아요. 이런 책 읽어도 괜찮나요?"

도서관이나 서점에 가보면 글책인지 만화책인지 헷갈리는 책이 있습니다. 기본적으로는 글책 형태를 띠는데 만화 스타일의 그림이 많이 들어가고, 그 그림이 만화의 한 컷처럼 이야기의 한 부분을 구성합니다. 그림에 말풍선이 들어가 있는 경우도 많습니다. 글책은 그림을 보지 않아도 내용을 이해하는 데 아무 문제가 없지만 이런 책은 그림을 읽어야 내용이 이어집니다. 그림도 많고, 내용도 가볍고 자극적인 것 같아 부모로서는 마뜩잖은 생각이 듭니다.

결론부터 말씀드리면 아무 문제 없는 책들입니다.

초등 1, 2학년 책에서 본격적인 글책인 초등 3학년 책으로 넘어갈 때 책 읽기를 어려워하는 아이가 많습니다. 긴 호흡의 글이 아직 부담스럽고, 글을 읽는 재미도 많이 느껴보지 못해서 그렇습니다. 아이가 본격적인 글책의 문턱에 걸렸을 때 만화와 글책의 중간 지대에 있는 이런 작품들은 훌륭한 징검다리 역할을 해줄 수 있습니다. 중간중간 등장하는 만화풍의 그림이 긴 글을 읽는 부담을 일정 정도 줄여주기 때문에 아이는 더 가볍게 읽고 이해하는 훈련을 할 수 있습니다. 이 훈련이 쌓이면 자연히 글책 독서로 넘어가기 마련이니 걱정 마시고 마음껏 읽도록 해주면 됩니다.

" 본격적인 글책으로 넘어가는 징검다리. "

09.
귀신 이야기, 요괴 대백과 같은 자극적인 책을 사달라고 해요

'이런 책도 허용해 줘야 하나?' 싶은 책을 아이가 골라 올 때가 있습니다. 믿을 만한 출판사에서 나온 좋은 책 다 놔두고 단순 오락거리로만 보이는 어린이용 로맨스나 무협, 괴기 동화를 들고 오는 거죠. 한두 번이면 모르겠는데 한 달 내내 이런 책만 읽으면 제지해야 하는 게 아닌가 고민하게 됩니다. 언어능력의 문제를 떠나서 아이의 정서 발달에 해가 되지 않을까 걱정이 앞서기 때문입니다.

물론 이런 책들이 정서적으로 도움이 된다고 할 수는 없을 겁니다. 하지만 딱히 해가 된다고 할 수도 없습니다. 이런 책들은 아동물이라서 표현 수위가 그다지 강하지 않습니다. 말 그대로 아이들의 오락거리일 뿐입니다.

어린이 장르물 대처법

어린이 장르물에는 의외의 장점이 하나 있는데, 책 싫어하는 아이도 쉽게 흥미를 느낄 수 있다는 점입니다. 장르물은 제목부터 그림, 편집, 내용까지 아이들의 흥미를 잡아끄는 부분이 많습니다. 또 글책이지만 만화적 구성이 들어가는 경우가 많아서 읽기도 쉽습니다. 이런 특징 덕분에 어린이 장르물은 그동안 책을 읽지 않았거나 이제 막 스스로 읽기를 시작한 아이들의 시작책으로 나름의 위력을 발휘합니다. 아이가 장르물을 읽는다면 어차피 한 번은 지나가야 할 길이다 생각하고 마음껏 읽도록 화끈하게 밀어주세요. 장르물을 읽는 동안에도 아이의 언어능력, 독서 능력은 가파르게 향상됩니다. 시중에 출간된 장르 책을 모조리 다 읽고도 읽었던 책을 다시 읽는다면 어쩌느냐고요? 그럼 더 좋죠. 반복독서는 천재들의 독서법이니까요. 장르물이 뜻하지 않게 아이의 독서 능력을 엄청나게 끌어올리는 효자 책 노릇을 하는 순간이지요.

> "
> 장르물도 잘 활용하면 좋은 독서가 될 수 있습니다.
> "

10.
책 읽으라고 하면 학습만화만 봐요

아이가 학습만화에 관심을 두기 시작하면 부모는 어떻게 지도해야 할지 판단을 내리기 쉽지 않습니다. '학습' 만화이니 공부에 도움 될 것 같다는 생각이 들면서도 학습만화 때문에 글책에 대한 흥미가 떨어지는 것 같아 불안한 마음도 듭니다. 주변에서 들려오는 이야기도 제각각입니다. 옆집 누구는 학습만화를 읽혔더니 상식이 풍부해졌다고 하고, 또 다른 누구는 학습만화에 손을 댄 이후로 글책을 아예 안 읽게 됐다고도 합니다. 전문가들의 의견도 팽팽히 갈려서 누구는 학습만화가 해롭다고 하고, 누구는 마음껏 읽게 둬도 된다고 합니다.

학습만화, 도대체 어떤 기준으로 어떻게 지도해야 할까요?

학습만화의 진짜 문제

학습만화라는 콘텐츠 자체만 보면 반대할 이유가 없습니다. 질이 좋은 학습만화는 아이에게 실제로 도움이 됩니다. 질이 떨어지는 학습만화도 해로운 내용은 없습니다. 질이 떨어져 봤자 좀 재미가 없고, 담고 있는 지식이 부실한 정도일 뿐이니까요. '이 만화는 별로네' 하고 말면 되죠. 득은 되도 해가 될 것은 없으니, 학습만화를 허용하고 권장하는 분이 많을 수밖에 없습니다. 저조차도 처음에는 그랬습니다. 아이들에게 지식에 대한 흥미를 불러일으키고, 실제로 지식도 쌓게 해줄 테니 학습만화가 오히려 도움이 될 거라고 생각했지요. 그런데 실제는 달랐습니다.

"책 읽으라고 하면 학습만화만 읽어요."

학습만화가 베스트셀러 목록을 장악한 후로 글책 독서를 거부하는 자녀 상담 사례가 폭발적으로 증가한 겁니다. 어찌나 광범위한 현상이었던지 부모 상담 중 열에 아홉이 이 문제를 하소연할 정도였지요.

동시에 수업을 진행하는 데도 심각한 문제가 발생하기 시작했습니다. 독서 논술 수업의 핵심은 독서입니다. 일단 책을 읽어야 문해력을 끌어올릴 수 있고 글쓰기, 토론 실력도 향상될 수 있습니다.

그런데 학습만화를 즐겨 읽는 아이 상당수는 책을 제대로 읽지 못했습니다. 글책에 대한 강한 거부감, 심각한 속독, 낮은 문해력이 복합 골절처럼 뒤엉켜있는 경우가 허다했습니다. 이런 현상은 학습만화를 탐독한 기간이 길수록, 학년이 올라갈수록 더 뚜렷하게 나타났습니다. 책을 제대로 읽어오지 못하는 아이가 폭증하니 수업을 원만하게 진행하기도 힘들었지요.

조금만 생각해 보면 이런 일이 왜 일어나는지 이해할 수 있습니다. 학습만화와 글책을 놓고 둘 중 하나를 선택하게 한다고 생각해 보세요. 독서의 재미에 푹 빠진 열혈 독서가가 아닌 이상 백이면 백 학습만화를 선택하게 돼 있습니다. 학습만화는 직관적 흥미를 끄는 요소(총천연색 그림, 만화적 개그 코드 등)로 가득하고 글도 적지만, 글책은 글로 빽빽하게 채워져 있으니까요.

이런 식으로 학습만화에 손을 댄 아이를 '학습만화도 도움이 될 테니까' 하는 마음으로 1년쯤 방관하면 어떤 일이 벌어질까요? 그 1년 동안 아이의 문해력은 제자리걸음을 하게 됩니다. 다큐멘터리의 자막을 읽는다고 해서 문해력이 향상되는 게 아니듯 만화의 말풍선을 읽는다고 해서 문해력이 향상되는 것은 아니기 때문입니다. 문해력은 맥락이 있는 긴 글을 읽고 이해하는 과정을 통해 향상됩니다.

아이의 문해력 향상이 지체되는 동안 아이가 읽어야 할 책(교과서를 포함하여)의 언어 수준은 눈에 띄게 높아집니다. 아이의 문해력은 2학년 수준에 머물러있는데 아이가 읽어야 할 책은 3학년 수준으로 물갈이되는 식이지요. 문해력이 떨어지니 학교 공부도 독서도 점점 더 힘들어질 수밖에 없습니다. 힘들어지니 읽기 싫고, 읽기 싫으니 학습만화 편향은 더 심해집니다. 이쯤 되면 글책을 읽으라고 강제해도 안 통하기 시작합니다. 그러니 이런 하소연을 하게 되는 겁니다.

"책 읽으라고 하면 학습만화만 봐요."

이것이 학습만화에 손을 댄 아이 대부분이 겪는 일입니다. 학습만화가 글책 독서를 대체해 버리는 것이지요.

독서의 기준 바로 세우기

학습만화 편향 현상을 막는 방법은 간단합니다. 학습만화를 막 접했을 때 '학습만화를 보는 것은 독서가 아니다'라는 사실을 명확하게 인지시키면 되지요. 학습만화는 실제로 전통적인 의미에서의 독서와는 거리가 있는 책입니다. 독서는 '글을 읽고 이해하는 행위'입니다. 그런데 만화의 주 전달 도구는 글이 아니라 그림입니다. 말풍선은 그림의 이해를 돕는 보조 수단에 불과하죠. 만화를 보고 독서를 했다고 여기는 것은 자막이 있는 외국영화 감상, 컬러링북 색칠을 독서로 여기는 것과 같습니다. '만화가 좋다, 나쁘다'의 관점으로 하는 이야기가 아닙니다. 만화를 보는 것과 독서는 다른 활동이라는 말이지요.

'만화를 보는 것은 독서가 아니다'라는 사실을 아이에게 분명하게 이해시킨 다음에는 실제로도 독서와 다르게 취급합니다. 독서 활동 일체에서 학습만화를 몰아내는 겁니다. 아이가 가족 독서 시간에 학습만화를 들고 오면 "독서 시간에는 책을 읽는 거야. 만화는 놀이 시간에 보자"라고 말해주고, 학교 독서록, 독후감 숙제를 할 때도 "독서 숙제는 책을 읽고 하는 거야"라고 말해주면 됩니다. 서점에 가서 책을 사줄 때도 마찬가지입니다. 책을 사주러 갔는데 학습만화를 들고 오면 "오늘은 장난감이 아니라 책 사주러 온 거야" 하고 알려주면 되지요. 한마디로 만화가 글책의 영역을 침범하지 못하도록 튼튼한 장벽을 쌓는 겁니다. 이때 학습만화를 장난감처럼 취급하는 이유는 선을 긋는 효과를 배가시킬 수 있기 때문입니다.

독서가 아닌 것을 독서로 취급하지 않는 것.

올바른 학습만화 지도는 독서의 이 당연한 원칙을 바로 세우는 것에서부터 시작됩니다.

"
학습만화를 독서로 취급하지 않기.
"

학습만화 원칙 세우기

아이들은 학습만화를 보는 것도 독서라고 생각합니다. 같은 독서라면 읽고 이해하는 수고로움이 드는 글책보다는 그림이 많은 학습만화를 읽으려 하지요. 학습만화가 글책의 자리를 뺏지 않도록 구분을 지어줘야 합니다. 몇 가지 행동 원칙을 지키는 것만으로도 학습만화를 독서로 여기지 않게 만들 수 있습니다.

긍정적 반응하지 않기

"아빠, 적자생존 알아?"

"하늘 천, 땅 지!"

아이가 학습만화를 보고 알은 척을 하면 부모는 "그렇게 어려운 말을 알아?", "점점 똑똑해지는걸" 하고 칭찬하게 됩니다. 이런 칭찬은 '학습만화는 좋은 것', '학습만화 보는 것은 칭찬받을 일'이라는 심각한 오해를 불러옵니다. 칭찬은 물론 조금의 긍정적 반응도 하지 말아보세요. 학습만화를 이제 막 접한 아이라면 이런 무반응만으로도 학습만화에 대한 흥미를 줄일 수 있습니다.

장난감으로 취급하기

학습만화는 노는 시간, 쉬는 시간에만 보게 합니다. 공부 시간, 독서 시간에는 볼 수 없지요. 학습만화를 철저히 장난감처럼 취급해 보세요. 이것만으로도 글책 독서 영역을 지킬 수 있습니다.

도서관 대출 비율 정하기

아이가 정 원한다면 도서관에서 학습만화를 빌릴 수 있게 해줍니다. 단, 도서관 나들이의 주목적은 책을 빌리는 것이기 때문에 주로 글책을 고르게 하고 학습만화는 한두 권만 허용해 줍니다. 이렇게 빌려온 학습만화는 당연히 독서 시간에는 못 읽게 합니다.

11.
글책을 잘 읽으면 학습만화를 허용해도 괜찮지 않을까요?

"우리 아이는 밥 먹을 때도 눈을 떼지 않을 정도로 학습만화를 좋아하지만 글책도 꽤 많이 읽어요. 이렇게 양쪽을 다 좋아하고 잘 읽어도 학습만화가 나쁜 영향을 끼칠까요?"

강연할 때마다 꼭 한 번씩 이런 내용의 질문을 받습니다. 학습만화의 문제점이 글책 독서를 심각할 정도로 저해한다는 것이니 둘 다 잘 읽으면 괜찮지 않냐는 것이지요. 맞습니다. 글책 독서를 저해하지 않는다면 학습만화 독서는 오히려 도움이 됩니다.

문제는 둘 다 잘 읽는 것처럼 보여도 그것이 일시적인 현상일 가능성이 매우 크다는 점입니다. 학습만화 편독을 하는 아이 중 상당수가 학습만화와 글책을 둘 다 잘 읽는 시기를 거치기 때문이지요. 양쪽 다 잘 읽는 것이 학습만화 편독으로 가는 이행 단계일 수 있는 겁니다.

착시 효과

만화와 글책 양쪽 모두 좋아하고 잘 읽는다는 아이의 연령을 물어보면 대부분이 초등 저학년입니다. 전국으로 강연을 다니며 수백 번 같은 질문을 반복했지만, 초등 고학년이라는 답이 돌아온 것은 열 손가락 안에 꼽을 정도이지요. 왜 이렇게 극단적으로 나뉘는 걸까요?

아이들이 학습만화를 접하는 시기는 대개 스스로 읽기를 시작하는 초등 저학년 때입니다. 부모님과 함께 도서관에 갔다가, 혹은 학교 도서관에서 자연스레 학습만화를 접하게 되지요. 부모님이 학습만화 독서를 적극 지지하는 경우가 아니라면 초등 저학년 아이 대부분은 학습만화도 읽고, 글책도 잘 읽습니다. '글책 일곱 권 읽을 때 학습만화는 세 권만 읽기' 하는 식으로 기준을 정해주면 많은 아이가 별 저항 없이 잘 따릅니다.

학습만화도 읽고, 글책도 읽으니 당연히 아무 문제도 생기지 않습니다. 오히려 여러 장점을 누리게 됩니다. 책을 그리 좋아하지 않던 아이가 학습만화를 접한 후 책을 끼고 살고, 덕분에 글자를 읽는 실력도 금세 늡니다. 또 학습만화가 아니었다면 관심을 가졌을 리 없는 분야인 한자나 역사에 빠지기도 하고, 학습만화를 통해 습득한 지식을 줄줄 읊어서 부모님을 놀라게 만들기도 합니다. 학습만화와 글책의 '평화로운' 공존이 현실로 일어나는 셈입니다.

그런데 이 평화로운 공존에는 유통기한이 있습니다. 개인차가 있긴 합니다만 보통 초등 2학년 말, 초등 3학년 무렵이 되면 문제가 발생하지요.

"왜 죄다 학습만화니?"

어느 날 갑자기 학습만화의 독서 비중이 눈에 띄게 느는 겁니다.

"이 시리즈는 있을 때 빌려야 해요. 인기가 너무 많아서 맨날 없거든요. 다음엔 글책도 빌릴게요."

아이가 이렇게 그럴듯한 이유를 대면 부모는 '한 번이니까 괜찮겠지' 하는 마음으로 넘어가게 됩니다. 그런데 웬걸, 다음에도 학습만화를 한 보따리 빌려서 돌아옵니다.

"학습만화가 너무 많잖아."

"요즘 재미있는 책이 별로 없는 걸 어떡해요. 그리고 글책은 읽는 데 오래 걸리지만 학습만화는 금방 읽는단 말이에요. 다음에 도서관 갈 때 꼭 재미있는 책 찾아볼게요."

아이는 학습만화에서 읽은 내용을 일부러 부모님에게 말해주거나, 독서 시간이 아닐 때 학습만화를 읽는 모습을 보여줍니다. '학습만화를 읽어서 이렇게 똑똑해졌다', '노는 시간에도 읽을 만큼 학습만화를 좋아한다'라는 것을 어필하는 셈입니다. 이렇게 한 주, 두

주가 지나가고 어느 순간 정신을 차려보면 '글책 일곱 권에 학습만화 세 권'이었던 독서 비율이 어느새 '학습만화 아홉 권에 글책 한 권'으로 역전돼 있습니다. 이렇게 한번 바뀐 독서 비율은 대부분 그대로 고착됩니다.

더 심각한 문제는 '학습만화 아홉 권에 글책 한 권'에서 '글책 한 권'이 제대로 읽히는 경우가 거의 없다는 점입니다. 글책을 학습만화 읽듯 휘리릭 훑어보고는 "다 읽었어요. 이제 학습만화 봐도 되죠?" 하기 십상입니다.

"무슨 책을 그렇게 빨리 읽어? 다시 제대로 읽어."

이렇게 지적해도 아이는 빨리 읽었을 뿐 자기는 다 읽었다고 우깁니다. 구슬리고 윽박질러봐도 소용없습니다. 말이 학습만화 아홉 권에 글책 한 권이지 실상 학습만화만 읽는 셈입니다. 이렇게 초등 3학년만 되면 약속이라도 한 듯 강력한 학습만화 편향 현상이 나타나니 학습만화와 글책 모두 잘 읽는 초등 고학년이 드물 수밖에요.

부모로서는 이런 상황이 당혹스러울 수밖에 없습니다. 분명히 제대로 책 육아를 하고 있다고 생각했는데, 어느 순간 학습만화만 읽는 아이로 변해버렸으니까요.

초등 고학년이 되면 왜 학습만화만 읽으려 할까?

초등 3학년을 전후로 학습만화 편향이 심해지는 이유는 연령별 책의 특성에 기인한 바 큽니다. 초등 1, 2학년 책은 그림이 많고, 글자가 크고, 분량도 짧습니다. 글책의 형태를 하고 있을 뿐 글의 양이나 언어 수준 면에서 예닐곱 살 때 읽어주던 그림책과 큰 차이가 없지요. 학습만화와 비교해도 부담스러울 게 없는 책입니다. 그러니 학습만화와 글책의 평화로운 공존이 가능한 거지요.

그런데 초등 2학년 말, 3학년이 되면 아이가 읽는 책이 본격적인 글책 형태로 바뀝니다. 한 페이지에 글이 열 줄, 열다섯 줄씩 들어가고, 그림의 비중이 확연히 줄어듭니다. 두께도 100페이지에 육박하게 되고요. 글책이 학습만화보다 한결 부담스러운 책이 되는 겁니다. 이 부담감은 자연스레 학습만화 쏠림 현상으로 이어집니다.

좋은 콘텐츠냐 아니냐를 떠나서 학습만화는 이미지 기반의 책이기 때문에 문해력 향상 효과를 기대할 수 없습니다. 3학년 내내 학습만화만 읽었다면 아이의 문해력은 당연히 초등 2학년 단계에서 제자리걸음을 하게 됩니다. 반면 또래가 읽는 글책과 교과서의 언어 수준은 어김없이 높아집니다. 아이로서는 초등 3학년 책에 대한 부담이 그대로 남아있는 상태에서 초등 4학년이 되는 일이 벌어집니다. 초등 4학년 책은 초등 3학년 책보다 훨씬 두껍고 글씨도 작습니다.

이렇게 아이의 문해력과 아이가 읽어야 할 책의 언어 수준 사이의 격차가 벌어지면 학습만화 쏠림 현상은 더 심해집니다. 초등 3학년 책조차 부담스러운 아이에게 초등 4학년 책은 너무 길고 두꺼워서 도저히 읽을 수 없는 책처럼 느껴지기 때문입니다. '낮은 문해력 → 학습만화 쏠림 → 문해력 정체'의 악순환에 빠지는 겁니다.

아이가 글책과 학습만화 둘 다 잘 읽고 좋아한다면 가장 먼저 연령대를 고려해 보아야 합니다. 아이가 초등 저학년이라면 학습만화 편독으로 이행하는 단계에서 발생하는 일시적 현상일 가능성이 크니까요.

> "
> **초등 저학년은
> 학습만화 편독으로 이행하는 단계일 가능성이 높습니다.**
> "

12.
학습만화도 잘 읽고, 글책도 잘 읽는 아이는 없나요?

학습만화를 좋아해서 많이 읽는데 글책도 여전히 좋아하고 잘 읽는 아이. 문해력도 높아서 공부도 곧잘 하고 초등 고학년, 청소년이 되면서 되려 학습만화 비중이 줄어드는 아이.

물론 이런 아이도 있습니다. '학습만화가 문제가 아니다. 학습만화를 봐도 저렇게 뛰어난 독서가가 되지 않느냐'라는 오해를 불러오는 이런 아이에게는 한 가지 뚜렷한 특징이 있습니다. 부모가 뜯어말려도 책을 달고 살 정도로 독서를 좋아하는 아이, 책을 아주 좋아하고 많이 읽는 진짜 독서가라는 점입니다. 글책을 읽기 싫어서 학습만화를 보는 게 아니라 책을 너무 좋아해서 학습만화도 읽는 아이지요.

우리 아이가 이런 아이인지는 단번에 알아볼 수 있습니다. 아이가 책을 안 읽어서 스트레스를 받는 게 아니라 너무 많이 읽어서 스트레스를 받고 있다면, 그런데 읽는 책의 70퍼센트 이상이 글책이라면, 게다가 훑어보듯 속독하는 게 아니라 푹 빠져 읽는다면 틀림없습니다. 아이는 학습만화를 봐도 아무 문제 없는 진짜 독서가입니다.

학습만화의 악영향에서 자유로운 이유

진짜 독서가가 학습만화의 악영향을 받지 않는 이유는 단순합니다.

문해력은 푹 빠져 읽기만 하면 책 한 권을 읽기 전과 후가 다를 만큼 쉽게 향상되는 가벼운 능력입니다. 그런데 책을 좋아하는 진짜 독서가는 엄청나게 많은 책을 푹 빠져 읽습니다. 당연히 문해력이 압도적으로 높지요. 자기 학년보다 3, 4단계 높은 것이 기본인데, 한마디로 중등 2, 3학년 교과서를 술술 읽을 수 있는 초등 4, 5학년인 겁니다.

이렇게 문해력이 압도적으로 높으면 글책을 읽는 일이 아무것도 아니게 됩니다. 중등 2, 3학년 교과서를 술술 읽을 수 있는 아이가 초등 4, 5학년 동화를, 그것도 자기가 좋아하는 책을 읽는다고 생각해 보세요. 글책에 대한 부담을 느낄 리가 없습니다. 쉽고 재미있기는 학습만화나 글책이나 매한가지이다 보니 학습만화 편향도 발생하지 않습니다. 글책을 실컷 읽으면 학습만화를 보고, 학습만화를 보다 지겨우면 글책을 읽는 식으로 읽을 뿐입니다. '학습만화를 봐도 결국 글책으로 다시 돌아온다'라고 말하는 분들이 있는데 이것도 이런 아이들에게 국한된 이야기입니다.

학습만화를 좋아하는데 글책도 잘 읽는 경우는 딱 하나입니다. 아이가 책을 정말 좋아하고 잘 읽는 진짜 독서가인 경우지요. 그런데 이런 정도의 독서가는 매우 드뭅니다. 진짜 독서가는 마음을 사로잡을 정도로 강렬한 책을 거듭해서 만나는 경험을 통해서만 태어날 수 있기 때문입니다. '내가 뜯어말려도 책을 달고 산다', '책을 너무 많이 읽어서 진절머리 난다'라고 할 정도로 책을 좋아하는 아이가 아니라면 학습만화와 글책의 경계를 분명히 해야 합니다. 학습만화가 아이의 독서를 가로막는 걸림돌이 될 가능성이 매우 크기 때문입니다.

> "
> 뛰어난 독서가만이
> 학습만화 편향 현상을 겪지 않습니다.
> "

13.
자기 연령대보다
수준 높은 책을 읽으려고 해요

　자기 연령대보다 조금 수준이 높거나 낮은 책을 읽는 것은 자연스러운 일입니다. 자기 나이에 맞는 책만 흥미가 가라는 법은 없으니까요. 초등 2학년 아이가 갑자기 그림책을 다시 읽고 싶어질 수도 있고, 초등 1학년 아이가 초등 3학년 책에 빠질 수도 있습니다. 또 초등 저학년 아이가 일시적으로 초등 고학년 책을 읽는 일도 얼마든지 있을 수 있고요.

　문제가 될 때는 정도가 심하고 기간이 길 때입니다. 초등 1, 2학년 아이가 초등 5, 6학년 책만 읽으려 한다거나 초등 3학년이 청소년 책이나 성인 책만 읽으려 하고, 그 기간이 몇 달씩 이어진다면 문제가 있는 것으로 봐야 합니다. 초등 1, 2학년은 발달 단계의 한계선이 뚜렷한 시기이기 때문에 자기 연령대를 훌쩍 뛰어넘는 책을 읽을 수 있는 경우는 극히 드뭅니다. 책은 들고 있지만 실제로 읽지는 않는 가짜 독서를 하고 있을 가능성이 매우 높은 거죠.

어려운 책을 고집하는 이유

아이가 이런 식의 가짜 독서를 하게 되는 이유는 대부분 아이다운 허영심 탓인 경우가 많습니다. 초등 5, 6학년 책, 청소년 책을 척척 읽는 초등 1, 2학년이라는 것을 보여주고 싶은 것이지요. 하지만 실제로는 읽어도 이해가 잘되지 않기 때문에 읽는 척을 할 수밖에 없습니다. 이럴 때 아이들이 흔히 동원하는 방식이 속독입니다. 자기 문해력으로는 읽고 이해하기에 버겁다 보니 덤벙덤벙 건너뛰며 대략의 내용만 파악하는 식으로 책을 훑어보게 되는 거지요.

이런 식으로 책을 보면 아무리 많은 책을 봐도 독서 효과를 누릴 수 없습니다. 오히려 읽은 책의 권수가 쌓일수록 독서 상태가 더 나빠집니다. '내 언어능력으로 감당하기 힘든 책 읽기 → 속독 → 언어능력 발달 정체'의 악순환에 빠지게 되고, 내 언어 수준보다 높은 책을 훑어보는 재미와 성취감 때문에 읽고 이해하는 과정에서 느끼는 책 읽기의 진짜 재미에 둔감해집니다. 장기간 지속되면 훑어보는 것이 습관으로 고착되어 글을 읽고 이해하는 행위 자체를 답답해하고 힘들어하게 될 가능성이 매우 큽니다.

가장 먼저 할 일은 어려운 책을 읽는 것이 자랑거리가 아니라는 것, 자기 연령대에 맞는 책 읽기가 좋은 독서라는 사실을 확실하게 알려주는 것입니다. 아이가 진심으로 받아들인다면 더할 나위 없이 좋겠지만, 설득에 실패한다고 하더라도 부모님의 생각만큼은 명확하게 알려줄 필요가 있습니다. 분명하게 이야기해 주세요.

"네가 읽을 수 있는 책, 네 나이에 맞는 책을 읽는 게 가장 좋아."

아이의 독서 상태 확인하는 방법

다음으로 할 일은 아이의 독서 상태를 확인하는 일입니다. 연령대가 높은 책을 보는 동안 속독 습관이 몸에 뱄을 가능성이 크기 때문입니다. '책 내용 이야기하기'와 '독서 퀴즈'가 독서 상태를 확인하는 가장 대표적인 방법인데 부모님이 손쉽게 할 수 있는 것은 책 내용 이야기하기입니다. 아이가 책 한 권을 막 다 읽었을 때 어떤 내용인지 궁금하다고, 내용을 말해 달라고 요청해 보는 거죠. 책을 잘 읽은 아이는 대부분 이런 요청에 거부감을 보이지 않습니다. 내용이 다 기억나는 데다 자기가 얼마나 잘 읽었는지 보여줄 기회니까요. 반면 책을 제대로 읽지 않은 아이는 대부분 거부감을 보입니다. 무턱대고 싫다고 할 수도 있고, '읽은 지 오래돼서 기억이 잘 나지 않는다', '힘들다', '재미있는 책이 아니어서 이야기하고 싶지 않다'라는 식으로 핑계를 댈 수도 있습니다. 그럴 때는 우선 아이가 혼난다고 느끼지 않게 이렇게 말해주세요.

"아빠가 보기에 네 독서에 문제가 있는 것 같아서 그래. 혼내려는 게 아니라 도와주려는 거야. 어렵지 않아. 그냥 네가 읽은 대로 이야기해 주면 돼."

책 내용 이야기하기의 필요성을 알려주는 것도 필요합니다.

"책을 재미있게 잘 읽으면 누구나 책 내용을 말할 수 있어. 이야기하기 힘들다면 이유는 하나뿐이야. 책을 제대로 이해하지 못한 거지. 그럴 땐 이해할 수 있는 책을 찾아 읽으면 돼. 간단하지?"

비난하거나 핀잔을 주지는 않되, 피해 갈 수 없게 만드는 게 핵심입니다. 그리고 대안을 제시합니다.

"일주일 뒤에 아빠랑 책 대화하는 시간을 가져보자. 네가 일주일 동안 읽은 책 중에 제일 재미있었던 책 이야기를 아빠한테 해주는 거야."

책 내용 이야기하기

책 내용 이야기하기를 할 때 가장 중요한 것은 심리적 부담을 덜어주는 것입니다. 대화한다는 느낌으로 이번 주에 읽은 책은 어땠는지, 어떤 책이 재미있었고 어떤 책이 별로였는지 등을 물어보세요. 분위기가 부드러워지면 "이번에 이야기해 줄 책은 어떤 책이야?" 하고 자연스럽게 본론으로 들어갑니다. 아이가 이야기를 시작하면 적극적으로 호응하며 듣는 것이 중요합니다.

"어떤 당나귀가 돌을 하나 주웠는데, 그게 소원을 이뤄주는 돌이야. 그런데 당나귀가 바위로 변해서 꼼짝할 수가 없게 됐어……."

집중해서 듣다 보면 이해가 가지 않는 부분이 있을 겁니다. 그럴 때는 그냥 넘어가지 말고 꼭 물어보세요.

"소원을 이뤄주는 돌을 가졌는데, 당나귀는 왜 바위로 변했어?"

아이가 책을 제대로 이해하지 못했다면 질문에 납득되는 대답을 하지 못합니다. "몰라. 그냥 그렇대"라는 식으로 얼버무리거나 앞뒤가 맞지 않는 대답을 하게 되지요. 책을 제대로 읽은 아이는 "사자가 나타난 걸 보고 너무 놀랐거든. 사자를 피하려고 바위로 변하게 해달라는 소원을 빌어버린 거야" 하는 식으로 이해할 수 있는 설명을 해줍니다. 문답의 과정에서 아이의 독서 상태가 드러나는 거지요.

책 내용 이야기하기가 원활하게 진행되면 아이는 더 잘 말하고 싶어서 책을 더 꼼꼼히 읽게 됩니다. 속독 습관이 자연히 개선되는 겁니다.

책 내용 이야기하기는 인위적인 독서 솔루션입니다. 아이에게 부담이 따르기 때문에 결과가 흡족하든 흡족하지 않든 기간을 정해 한시적으로만 진행하는 게 좋습니다. 제가 추천하는 방식은 책 내용 이야기하기를 방학 이벤트로 만드는 것입니다. 방학 때마다 4주간 책 내용 이야기하기를 진행하면 아이의 독서 상태를 주기적으로 점검할 수 있고, 아이와 책 대화를 나누는 기회도 만들 수 있습니다.

---

*《당나귀 실베스터와 요술 조약돌》 윌리엄 스타이그 글·그림, 비룡소

> "아이에게 부담이 되지 않는 선에서
> 독서 상태를 점검할 수 있는
> 책 대화를 나눠보세요."

일주일에 한 번 책 대화 시간 가지기

아이의 독서에 문제가 있다고 판단될 때는 일주일에 한 번 책 대화 시간을 가집니다. 아이가 자신의 독서 수준에 맞는 책만 고른다면 두세 번 하는 것만으로도 대부분 문제를 해결할 수 있습니다.

독서 의식 개선하기
아이가 올바른 독서 의식을 가질 수 있도록 '내가 쉽고 재미있게 읽을 수 있는 책이 좋은 책이다', '독서는 책 속 문장을 빠트리지 않고 다 읽는 것이다'라는 사실을 잘 설명해 주세요.

책 대화 시간 약속하기
책 대화의 필요성을 설명하고 '수요일 저녁 8시 30분' 하는 식으로 구체적인 일정을 약속하세요.

책 대화 시간 가지기
"이번 주에 읽은 책은 어땠어?"
일주일 동안 읽은 책을 쌓아두고 가볍게 이야기를 시작합니다. 그리고 가장 좋았던 책 이야기를 해달라고 하세요. 아이가 재미있었던 부분을 이야기할 때는 적극적으로 호응해 주고, 이해가 가지 않는 부분이 있으면 물어보세요.

14.
필독서, 권장 도서를 싫어해요

학년별 필독서와 권장 도서는 어른들이 좋다고 판단한 책, '이 나이 때에 이 정도 작품은 읽어야 한다'라는 기준으로 선정된 책들입니다. 대부분 좋기로 정평이 나있는 책들이니 내용은 의심할 바 없지만 그 책이 아이의 흥미를 끈다는 보장은 없습니다. 언어 수준이 아이와 맞지 않을 가능성이 있다는 것도 문제지요. 실제로 필독서, 권장 도서 목록에는 '이 책이 이 연령대의 권장 도서라고?' 의아할 만큼 언어 수준이 높은 책들이 끼어있기도 합니다. 한마디로 그 연령대 독서의 이상향 같은 책들로 구성된 거지요. 아이들의 평균 독서 능력은 이상향과 거리가 있는데 읽어야 할 책의 목록은 이상향이니 독서 과정에 어려움을 겪는 아이가 무더기로 나올 수밖에 없습니다.

그 나이 때 반드시 읽어야 하는 책, 읽으면 좋은 책 같은 것은 없습니다. 그 나이 때 반드시 들어야 할 음악, 반드시 봐야 할 영화가 없는 것처럼요. 독서는 읽고 싶은 책을 읽는 문화 활동이지 읽어야 할 책을 읽는 학습 활동이 아닙니다. 필독서, 권장 도서를 좋아하느냐, 싫어하느냐는 그저 취향의 문제일 뿐입니다. 중요한 것은 '아이가 독서 생활을 하고 있는가?', '독서를 즐기고 있는가?'지요. 그러니 필독서, 권장 도서 목록에 얽매이지 말고 아이가 읽고 싶은 책을 읽도록 이끌어주세요.

"
그 나이에 반드시
읽어야 하는 책은 없습니다.
"

15.
읽는 책의 수준은 어떻게 높이나요?

아이가 읽는 책의 수준을 올리는 데도 표준 시기가 있는데, 바로 학년이 올라갈 때입니다. 1학년 때는 1학년 수준의 책을, 2학년이 되면 2학년 수준의 책을 읽는 게 맞지요. 그런데 여기서 오해하지 말아야 할 것은 표준적인 시기가 그렇다는 것이지 실제로 칼로 두부 자르듯 학년에 맞게 착착 수준이 올라가는 것은 아니라는 점입니다. 도서 수준이 올라가는 시기는 아이마다 다르고, 그 편차도 꽤 큰 편입니다. 초등 2학년 2학기가 됐는데도 계속 그림책만 읽는 아이가 있는가 하면, 초등 1학년인데 벌써 초등 2학년, 3학년용 책을 읽는 아이도 있습니다.

아이가 책을 좋아하고, 재미있게 읽고 있다면 책의 수준이 올라가는 시기는 그다지 중요하지 않습니다. 물론 지금 당장 언어능력을 측정하면 도서 수준을 더 빨리 끌어올린 아이의 문해력이 더 높게 나올 가능성이 큽니다. 하지만 '초등 고학년, 청소년이 되었을 때 어느 쪽 문해력이 더 높을 것인가'와는 또 다른 문제입니다. 미래의 문해력을 결정하는 것은 지금의 문해력이 아니라 책을 좋아하는 정도, 독서 환경이기 때문입니다. 어떤 수준의 책을 읽든 자신이 읽고 싶은 책을 자유롭게 선택할 수 있는 여건을 가진 아이, 그래서 독서 자체를 즐길 수 있는 아이가 결국에는 더 뛰어난 문해력을 갖게 됩니다.

문해력의 향상은 모래시계에 모래가 쌓이듯 누적되는 형태로 일어난다기보다는 어떤 책 한 권을 만나 도약하듯 단번에 일어납니다. 초등 저학년 수준의 언어능력을 가진 아이가 어느 날 《해리 포터》*를 펼쳤다가 푹 빠져듭니다. 《해리 포터》를 재미있게 다 읽으면 그 아이의 언어능력은 그 즉시 초등 고학년 수준이 됩니다. 바로 일주일 전까지 초등 저학년 수준의 책밖에 못 읽던 아이가 《해리 포터》 정도의 분량과 언어 수준의 책을 읽는 데 어려움을 느끼지 않게 되는 겁니다. 책의 수준이 올라가는 것은 아이의 마음을 사로잡

---

* 《해리 포터》 시리즈, J.K.롤링 글, 문학수첩

는 책을 언제, 어떻게 만나느냐에 달려있습니다. 도서 수준을 빨리 끌어올린 아이는 마음을 사로잡는 책을 좀 더 빨리 만난 것이고, 늦게 끌어올리는 아이는 조금 더 늦게 만나는 것일 뿐인 거죠. 그러니 아이의 도서 수준은 크게 신경 쓰지 않아도 됩니다. 중요한 것은 책을 고르고 읽는 독서 생활을 신나고 즐겁게 이어가는 것입니다. 독서 수준의 향상은 그 과정에서 자연스럽게 일어납니다.**

> "
> 이번에는 어떤 책을 만나게 될까?
> "

** 구체적인 방법은 <2부 4장 읽기 독립은 어떻게 하나요?> 참고

16.
책을
너무 빨리 읽어요

《공부머리 독서법》에서 대표적인 나쁜 독서 습관으로 속독을 다룬 바 있습니다. 요약하면 속독은 독서가 아니라 책을 훑어보는 것이기 때문에 아무리 많이 읽어도 독서 효과를 보기 어렵고, 한번 습관이 들면 좀처럼 헤어 나올 수 없으므로 상당한 주의가 필요하다는 내용이었습니다.

*《공부머리 독서법》186쪽, <속독은 왜 나쁜가?>

그런데 여기에는 당혹스러운 문제가 하나 있습니다. 초등 저학년 아이 중 상당수가 심각한 속독처럼 보인다는 점입니다. 책을 산더미처럼 쌓아놓고 눈으로 대충 훑어보는 아이, 이 책 뽑았다 저 책 뽑았다 하는 바람에 주위를 금세 난장판으로 만드는 아이가 태반이기 때문입니다. 정독은커녕 몇 페이지라도 찬찬히 읽으면 양반이고, 그림만 휘리릭 넘겨보는 게 일반적입니다. 상황이 이렇다 보니 어딜 가나 이런 걱정을 토로하는 부모님을 만나게 됩니다.

"스무 권을 읽으면 한 권 정도만 제대로 읽고 나머지는 대충 훑어만 봐요."

"책 한 권 읽는 데 5분도 안 걸려요."

"아무리 천천히 읽으라고 해도 말을 안 들어요."

한두 명도 아니고 우리 꼬마 독서가들은 도대체 왜 이러는 걸까요?

초등 저학년 속독의 비밀

초등 저학년 아이들의 흥미는 움직이는 과녁 같습니다. 뭔가에 푹 빠져있다가도 조금만 지루해지면 금세 딴 궁리를 하고, 무엇이든 쉽게 빠져들고, 쉽게 싫증을 냅니다. 책을 읽을 때도 마찬가지여서 이 책 읽다 보면 저 책이 재미있을 것 같고, 저 책 읽다 보면 또 다른 책이 재미있을 것 같습니다. 그러니 책과 책 사이를 메뚜기처럼 뛰어다니는 아이가 많습니다.

옆에서 보면 영락없는 속독처럼 보입니다만 사실 이 아이들은 책을 읽고 있는 게 아닙니다. 이 책 저 책 구경하면서 읽을 책을 고르는 중이지요. 성인 독서가가 서점이나 도서관에서 이 책 꺼냈다 저 책 꺼냈다 하며 읽을 책을 고르는 것처럼 말입니다.

이 책, 저 책 산만하게 훑어볼 때가 훨씬 많다고 해도 어떤 책은 집중해서 읽고, 여러 번 반복해서 읽은 책도 있다면 걱정하지 않아도 됩니다. 그때가 바로 아이가 진짜 독서를 하는 순간이니까요. 열아홉 권을 속독하고 한 권 정도만 제대로 읽는 것이 아니라, 스무 권을 검토한 끝에 읽을 책 한 권을 찾아낸 것에 가깝지요. 다만 저학년 도서가 얇다 보니 책을 읽는 시간보다 책을 구경하는 시간이 더 긴 것뿐입니다.

독서는 책을 구경하고, 선택하고, 읽는 연속 동작입니다. 이 연속 동작 중에 가장 중요한 것은 책을 읽는 것이 아니라 구경하는 행위입니다. 책 구경을 해야 어떤 책들이 있는지 알게 되고, 어떤 책이 있는지 알아야 읽고 싶은 책도 생깁니다. 책 읽기는 책 구경의 결과인 셈입니다.

구경만 하는 책이 너무 많다고요?

걱정하지 마세요. 책을 좋아하는 아이일수록 책 구경을 많이 하고, 책 구경을 많이 한 아이일수록 흥미를 느끼는 책을 쉽게 찾을 수 있습니다. 책을 읽는 순간의 집중력도 그만큼 뛰어나지요.

그럼에도 속독이 의심된다면 아이가 책 읽는 모습을 며칠 동안 가만히 살펴보세요. 그 며칠 동안 모든 책을 훑어보기만 한다면 속독 습관을 의심할 필요가 있습니다. 하지만 한 권이라도 제대로 읽는다면 그 아이는 속독 습관이 든 게 아닙니다. 여러 권의 책을 구경한 끝에 읽을 책 한 권을 선택한 것이지요.

> "
> 책 구경을 많이 하는 아이가
> 책을 좋아하는 아이입니다.
> "

초등 저학년 속독 확인법

초등 저학년은 속독과 상관없는 시기입니다. 발달 단계상 집중 시간이 짧은 데다 책의 두께도 얇아서 책 훑어보기를 많이 하는 때이기 때문입니다. 수많은 책을 구경하듯이 훑어보다가 읽고 싶은 책을 발견하면 처음부터 다시 읽는 식으로 독서 생활을 하지요. 수십 권을 훑어본 끝에 한 권만 다시 읽어도 아무 문제 없다고 보면 됩니다.

1. 책 읽는 모습 지켜보기

아이의 독서 상태가 걱정된다면 하루 날을 잡고 아이가 책 읽는 모습을 지켜보세요.

2. 정독하는 책이 있는지 확인하기

한 권이라도 다시 읽는 책, 제대로 읽는 책이 있으면 아무 문제 없습니다.

3. 3일간 지켜보기

모든 책을 훑어보기만 한다면 다음 날도 다시 지켜보세요. 3일이 지났는데도 모든 책을 훑어본다면 대책을 마련해야 합니다.

4. 책은 천천히 읽는 게 좋다고 말해주기

아이들이 속독에 빠지는 이유 중 하나는 책을 빨리 읽는 것을 능력이라고 생각하기 때문입니다. 속독하든 안 하든 한 번쯤은 "책은 천천히 읽는 게 좋아"라고 이야기해 주세요. 속독이 좋은 독서법이 아니라는 것만 알아도 속독에 빠질 위험을 크게 줄일 수 있습니다.

17.
주인공 이름, 책 제목, 고유명사를 기억 못해요

"여자앤데 이름이 뭐였더라? 로 뭐였나? 아무튼 로 뭐라는 여자애가 꿈을 꿨는데, 그게 진짜인 줄 알았던 거야……."*

아이와 책 대화를 나누다 보면 내용은 잘 기억하는 것 같은데 고유명사를 기억하지 못하는 경우를 자주 보게 됩니다. 등장인물 이름도 모르고, 반복해서 등장하는 장소 명칭도 모르고, 심지어 책

---

* 《나, 이사 갈 거야》 아스트리드 린드그렌 글, 일론 비클란드 그림, 햇살과나무꾼

제목조차 모를 때가 많습니다. 아이가 자꾸 '아까 걔가', '거기 갔는데', '엄마한테 받은 거 그거' 하는 식으로 지시어를 남발하면 부모로서는 책을 제대로 읽은 것인지 의심이 들지요.

아이가 명사를 잘 기억하지 못하는 것은 흔한 일입니다. 이야기를 따라가는데 정신이 팔려서 고유명사들은 별 신경을 쓰지 않고 그냥 흘리며 읽어서 그렇습니다. 지시어를 남발하든 말든 이야기를 다 알고 있고, 재밌어한다면 독서 상태에는 아무 문제 없는 것이니 걱정하지 않아도 됩니다.

다만 기회를 봐서 기본적인 독서법을 넌지시 알려주는 정도는 아이에게 도움이 될 수 있습니다.

"자주 나오는 애들 이름이나 장소 같은 건 책 읽을 때 기억하려고 해봐. 계속 나오니까 조금만 신경 쓰면 금방 기억할 수 있을 거야. 지금도 네 얘기가 재미있지만 그렇게 기억해서 얘기해 주면 네 이야기가 열 배는 더 재밌을 거 같거든."

명사를 기억하겠다고 의식하는 것만으로도 독서를 좀 더 명징하게 할 수 있을 뿐 아니라 속독에 빠질 위험도 줄일 수 있습니다. 물론 그렇게 말해줘도 책을 읽을 때는 또 잊어버리고 냅다 이야기만 따라가는 아이가 많습니다. 기억 못한다고 지적하거나 아이가 책을 읽을 때마다 기억해야 한다고 잔소리하지는 말아주세요. 아이 잖아요. 아직 서툰 게 당연합니다. '명사를 기억하는 게 좋다'라는 것만 알고 있어도 언젠가는 좋아집니다. 시기를 앞당기기 위해 아이에게 스트레스를 줄 필요는 없습니다.

> "이야기만 잘 이해하고 있다면
> 아무 문제 없어요."

18.
음독과 묵독 중
어떤 것이 더 효과적인가요?

음독과 묵독의 효과에 대해서는 전문가들도 의견이 갈립니다. 음독이 다양한 감각을 동원할 수 있어 더 좋다고 주장하는 전문가도 있고, 묵독이 적은 에너지로 차분하게 생각하면서 읽을 수 있기 때문에 더 좋다고 주장하는 전문가도 있습니다.

음독과 묵독, 어떻게 다른 걸까요?

각인 효과가 뛰어난 음독

누가 시키지 않아도 저절로 음독하게 되는 시기가 있습니다. 바로 문자를 막 배웠을 때입니다. 한글을 배운 초등 1학년, 한글을 뒤늦게 뗀 어르신, 영어를 막 배운 사람은 글자를 보면 저절로 소리 내서 읽게 됩니다. 이렇게 하게 되는 첫 번째 이유는 한글도, 영어도 소리를 기호로 표시한 표음문자이기 때문입니다. 글자 자체가 소리를 표시한 것이니 무심코 소리를 내서 읽게 되는 거죠. 두 번째 이유는 소리를 내서 읽는 편이 문자를 익히는 데 훨씬 유리하기 때문입니다. 묵독이 '눈으로 읽는다'라는 한 개의 통로를 사용하는 방식이라면 음독은 눈으로 읽고, 입으로 소리를 내고, 소리 낸 글자를 귀로 듣는 세 개의 통로를 쓰는 방식입니다. 'ㄱ', 'ㅏ'를 눈으로 읽기만 하는 것보다 '가'라는 소리를 내뱉어 보고, 그 소리를 귀로 들으면 삼중의 인지 효과를 누릴 수 있습니다.

영어 단어나 역사적 사건을 외울 때 중얼중얼 소리를 내면 더 잘 외워지는 것도 마찬가지 이유입니다. 눈으로, 입으로, 귀로 기억하니 각인 효과가 더 뛰어나지요. 시험공부할 때는 여기에 손이라는 통로를 하나 더 추가하기도 합니다. 중얼중얼 소리 내 읽으면서 노트에 적는 방식으로요. 당연히 암기를 훨씬 더 잘할 수 있습니다.

음독은 내용을 숙지하고자 할 때 훨씬 유리한 읽기 방법입니다.

이해에 적합한 묵독

조선 시대 선비, 중세 시대 유럽 수도사는 도서관에서조차 책을 소리 내어 읽었습니다. '독서는 책을 외우는 것'이라는 인식이 강했고, 글자를 소리 내서 읽지 않는 것을 불경한 일이라고 여기기도 했으니까요. 게다가 묵독은 르네상스 시대에 접어들어서야 개발된 나름 최신의 읽기 기술입니다. 그 이전에는 묵독이라는 개념 자체가 없었지요.

한 사람의 읽기의 역사에서도 묵독은 충분한 음독의 과정을 거쳐야 구사할 수 있는 고급 기술입니다. 묵독하려면 글자의 소리를 읽는다는 자각이 없을 정도로 글을 능숙하게 읽을 수 있어야 하니까요.

묵독하게 됐다는 것은 글을 읽는 행위가 곧 생각하는 행위가 됐다는 뜻입니다. '나는 지금 독서에 관한 책을 읽고 있다'라는 생각을 할 때 머릿속에서 일어나는 현상과 '나는 지금 독서에 관한 책을 읽고 있다'라는 문장을 묵독으로 읽을 때 머릿속에서 일어나는 현상을 비교해 보면 뇌가 정확히 같은 방식으로 작동한다는 것을 알 수 있습니다. 묵독 그 자체가 사고 행위인 거지요. 다른 점은 생각의 내용이 내 안에서 나온 것이냐, 책 속에 담겨있던 것이냐 하는 점뿐입니다. 결국 묵독은 작가가 책 속에 담아놓은 생각을 내 머리로 재생하는 일인 셈입니다. 바로 이런 특징이 독서 특유의 쾌감과 효과를 만들어냅니다.

묵독은 생각과 같은 방식으로 이뤄지기 때문에 음독에 비해 내용을 이해하는 데 훨씬 유리합니다. 음독의 과정을 충분히 거친 사람이라면 책을 읽을 때나 교과서를 통독할 때 당연히 묵독하는 것이 유리합니다. 책을 읽다 보면 책의 내용을 곱씹거나 관련한 생각을 펼쳐야 할 때가 있는데, 이럴 때도 묵독이 음독보다 유리하지요. 상대적으로 체력 소모가 적고, 장소의 제약을 받지 않는다는 점도 무시 못 할 장점입니다.

독서는 특정 내용을 기억하는 행위가 아니라 생각의 과정을 따라가는 행위입니다. 생각을 말로 내뱉으며 하지 않는 것처럼 음독보다 묵독이 더 자연스러운 독서 방법입니다.

모든 스포츠에는 과학적으로 밝혀진 정석적인 자세가 있습니다. 대부분의 선수가 이 자세를 따르지만, 변칙적인 자세로 우수한 성적을 거두는 선수도 있습니다. 음독이냐, 묵독이냐 역시 마찬가지입니다. 기본 원리는 살펴본 바와 같지만 이 모든 것에 우선하는 것은 책을 읽는 사람 자신입니다. 음독이냐, 묵독이냐의 문제는 반드시 지켜야 할 독서의 원칙이 아니라 책을 읽는 방법의 종류일 뿐입니다. 독자인 아이가 더 좋아하는 방법, 편한 방법으로 읽으면 됩니다.

> "아이에게 맞는 방법대로 읽게 해주세요."

19.
문장 끝을
대충 읽어요

초등 1학년은 음독을 많이 하기 때문에 책을 읽을 때 옆에만 있어도 어떤 점이 서툰지, 무엇을 잘못 읽는지 훤히 알 수 있습니다. 이때 눈에 띄는 문제 중 하나가 문장 끝을 대충 읽는 것입니다. 문장의 앞부분은 멀쩡히 읽다가 끝에 가면 꼭 얼버무리듯 넘어가거나 '~다'를 '~요'로 읽는 식으로 종결어미를 틀리게 읽습니다.

초등 저학년 아이가 이렇게 문장 끝을 얼버무리듯 읽는 것은 글 읽기 숙련 과정과 관련이 깊습니다. 글을 배우고 처음 책을 읽을 때 아이는 한 글자 한 글자 힘겹게 읽습니다. 옆에서 들으면 문장으로 느껴지지 않을 정도로 읽는 속도가 느리고 틀리게 읽는 글자도 많습니다. 글 읽기를 거듭하면 읽는 속도도 점점 빨라지고, 틀리게 읽는 글자도 줄어듭니다. 하지만 여전히 능숙하고 재미있게 읽기에는 실력이 부족합니다. 대신 책을 계속 읽었기 때문에 문장 구조는 잘 알고 있지요. '토끼가 연못가에 앉아 물을'까지 읽으면 뒤에 '마셨어요'가 나올 것을 짐작할 수 있는 거죠. 그래서 쉽게 '마셨어요'를 짐작으로 읽어서 독서 속도를 끌어올리게 됩니다. 그런데 간혹 '마셨어요'가 아니라 '마셨습니다' 일 때가 있습니다. 이렇게 아이의 짐작이 틀렸을 때 문장 끄트머리를 잘못 읽게 됩니다.

문장 끝을 대충 읽는 것은 음독에서 묵독으로 넘어가는 시기에 나타나는 과도기적 현상입니다. 완전한 묵독을 할 수 있을 정도로 읽기에 능숙해지면 자연스레 교정됩니다.

> "읽기 자동화를 이루어가는 중간 단계."

20.
책을 읽을 때 글자를 빼먹어요

"책을 읽을 때 자꾸 은, 는, 이, 가 같은 조사를 빼먹어요. 어떨 때는 문장 자체를 변형해서 읽기도 하고요. 음독을 많이 하면 교정이 될까요?"

초등학생 자녀를 둔 부모님들이 종종 하는 질문입니다.

초등 1, 2학년 아이가 글자를 빼먹거나 변형해서 읽는 것은 정도의 차이가 있을 뿐 모두가 겪는 일반적인 현상입니다. 자전거를 처음 배운 아이가 자주 균형을 잃는 것처럼 글자를 읽는 것이 서툴

러서 생기는 일이기 때문에 능숙해지면 자연히 해결됩니다. 아이에 따라 나아지는 속도가 조금 더 빠르거나 느릴 수 있는데, 문제라고 생각하지 말고 적절한 읽기의 경험을 쌓을 수 있도록 이끌어주면 됩니다.

오히려 경계해야 할 것은 읽기 능력을 빨리 끌어올리겠다는 욕심입니다. 아이가 싫어하는데 억지로 음독을 시키거나, 음독하는 중간에 틀린 부분을 계속해서 지적하거나, 아이가 고통스러워할 정도로 장시간 책 읽기를 시키면 도리어 독서에 대한 흥미만 잃게 됩니다. 하루 5분이어도 괜찮으니 아이가 힘들어하지 않는 선에서 음독할 수 있도록 지도해 주세요. 그것으로 충분합니다.

> "아이가 능숙해질 때까지 기다려주세요."

21.
책을 읽다 말고
자꾸 다른 책을 읽겠다고 해요

아이가 읽던 책을 내려놓고 쪼르르 책꽂이로 갑니다.

"왜? 딴 책 읽게?"

"응. 이 책 재미없어."

다시 책을 골라서 자리에 앉나 싶더니 10분도 안 돼 또 책을 내려놓습니다.

"또 재미없어?"

"응. 별로야. 딴거 읽을래."

아이가 이렇게 책을 읽다 말고 자꾸 다른 책을 찾으면 부모는 어떻게 대처해야 할지 퍼뜩 판단이 서지 않습니다. 한편으로는 '책을 읽다 마는 게 버릇이 되는 게 아닐까?' 걱정되고, 다른 한편으로는 '재미없다는데 끝까지 읽으라고 했다가 독서를 싫어하게 되면 어쩌지?' 걱정이 됩니다. 이럴 때는 어떻게 해야 할까요?

책을 읽다가 마는 아이를 위한 규칙

초보 독서가는 경험이 부족해서 나에게 맞는 책, 내가 지금 재미있게 읽을 수 있는 책을 알아보는 안목이 부족합니다. 책 선택에 실패하는 일이 빈번하게 일어나고, 그럴 때마다 '끝까지 읽을 것인가? 멈출 것인가?' 선택의 기로에 섭니다. 어디 아이뿐이겠습니다. 성인 초보 독서가도 마찬가지지요.

이렇게 책 선택에 실패했을 때는 독자인 아이에게 판단을 맡기면 됩니다. 다만 아이가 책을 읽다가 그만두는 것을 책을 읽지 않는 수단으로 쓰지 못하도록 규칙만 정하면 됩니다.

첫 번째 규칙은 '책이 재미없어서 다른 책을 읽더라도 정해진 독서 시간은 지킨다'입니다.

"이 책 재미없어. 오늘은 그만 읽을게."

재미없는 책을 골랐다고 해서 그날의 책 읽기를 끝내면 책을 읽기 싫을 때마다 '오늘 고른 책이 재미없다'라며 책 읽기를 회피할 가능성이 있습니다. 책을 바꾸더라도 정해진 독서 시간은 지키게 하면 이런 위험을 방지할 수 있습니다.

두 번째 규칙은 '첫 열 페이지는 무조건 읽는다' 입니다. 첫 부분을 읽어봐야 책이 재미있는지 없는지를 판단할 수 있으니까요. 이 규칙만으로도 책의 재미를 성급하게 판단하지 않게 할 수 있고, 적어도 열 페이지는 읽게 할 수 있습니다.

> "
> 첫 열 페이지는 무조건 읽기,
> 다른 책을 읽더라도 정해진 독서 시간 지키기.
> "

가족 독서 시간 규칙 정하기

아이가 스스로 읽기 단계에 들어가면 그에 맞는 가족 독서 시간 규칙이 필요합니다.

1. 첫 열 페이지는 무조건 읽는다

도입부 열 페이지까지는 무조건 읽게 합니다. 열 페이지를 읽었는데도 재미없으면 책을 바꿀 수 있게 해줍니다.

2. 정해진 가족 독서 시간은 지킨다

"재미없는데 오늘은 그만 읽으면 안 돼?"

재미없는 책을 읽으면 독서 의욕이 꺾이기 마련입니다. 그렇더라도 가족 독서 시간을 줄여서는 안 됩니다. 가족 독서 시간이 40분이면 40분 동안은 책을 읽을 수 있도록 지도해 주세요.

22.
책을 잘 읽었는지
확인하려면 어떻게 해야 하나요?

아이가 묵독 단계로 완전히 넘어가면 부모에게는 새로운 고민거리가 생깁니다. 아이가 책을 제대로 읽고 있는지, 아니면 대충 훑어보거나 딴생각하는 건 아닌지 알기 힘들다는 점입니다. 또 내용을 얼마나 잘 이해했는지도 궁금합니다. 자연스레 '책을 잘 읽었는지 확인해야 하나?', '확인을 한다면 얼마나 자주 해야 하지?' 하는 의문이 들게 됩니다.

그래서 독서 상태를 확인하려고 마음을 먹지만 쉬운 일이 아닙니다. 독서 상태를 확인하는 가장 일반적인 방법은 책 내용 말하기와 독서 퀴즈인데, 둘 다 준비와 노력이 필요합니다. 책 내용 말하기는 아이에게 책을 읽는 능력뿐 아니라 읽은 내용을 머릿속으로 정리해서 조리 있게 말할 수 있는 능력도 있어야 합니다. 부모는 편한 대신 아이가 힘들지요. 반대로 독서 퀴즈는 아이가 좋아하는 대신 부모가 번거롭습니다. 아이가 읽는 책을 함께 읽어야 하고, 핵심 문제를 정리해야 하니까요. 그러니 독서 상태 확인은 꼭 필요하다고 판단될 때 큰마음 먹고 하는 일이 될 수밖에 없는 거죠.

독서 상태를 알 수 있는 다양한 방법

책 내용 말하기나 독서 퀴즈를 통해 직접 테스트를 해보는 것이 가장 확실하지만, 테스트 말고도 아이의 독서 상태를 짐작할 방법이 있습니다. 가장 간단한 방법은 가족 독서 시간을 갖는 것입니다. 같은 공간에서 책을 읽는 것만으로도 아이의 독서 상태를 어느 정도 파악할 수 있기 때문입니다.

독서 상태가 나쁜 아이는 책에 집중하지 못할 때가 많습니다. 독서 시간 내내 '물 마시러 간다', '화장실 간다' 하며 자꾸 들락거리거나 책을 읽다 말고 앞뒤를 뒤적거리는 식으로 산만한 행동을 합니다. 반면 독서 상태가 좋은 아이는 책을 읽는 자세가 방만하든 말든 저러다가 책 속으로 빨려 들어가는 게 아닌가 싶게 집중하는 순간이 많습니다. 이렇게 읽는 아이는 백이면 백, 책 내용도 잘 파악합니다. 글을 읽고 이해하는 과정이 원활하지 못하면 집중할 수 없고,

집중하는 척 연기하는 것도 불가능하기 때문입니다.

책을 좋아하느냐, 싫어하느냐도 아이의 독서 능력, 독서 상태를 엿볼 수 있는 중요한 지표입니다. 책을 좋아하느냐 싫어하느냐는 취향의 문제라기보다는 능력의 문제인 경우가 많습니다. 쉽게 읽고 이해할 수 있는 아이일수록 책을 좋아하고, 읽고 이해하는 능력이 낮은 아이일수록 책을 싫어합니다. 도서관 가는 시간과 책 읽는 시간을 좋아하는지 싫어하는지, '이 책 진짜 재밌어' 하고 자기가 읽은 책을 얘기하고 싶어 할 때가 있는지 등을 살펴보면 쉽게 아이의 독서 호감도를 알 수 있고, 독서 호감도가 높고 낮음으로 아이의 독서 상태를 짐작할 수 있습니다.

아이의 독서 능력을 정확히 알 수 있는 순간

부모가 따로 독서 상태를 확인하려고 한 게 아닌데도 아이의 독서 상태를 저절로 알 수 있는 순간도 있습니다. 바로 "내가 오늘 읽은 책 말이야" 하고 아이가 스스로 읽은 책 이야기를 해줄 때입니다. 이런 순간이 있다는 것 자체가 독서 상태가 좋다는 강력한 증거입니다. 또 아이의 이야기에 귀를 기울이면 독서 상태와 독서 능력을 더 정확하게 파악할 수도 있습니다. 아이가 해주는 이야기의 앞뒤를 따져가며 듣다가 이상한 점이나 빠진 부분이 있다고 판단될 때 질문을 던져보세요.

"잠깐. 갑자기 고양이가 왜 집을 나간 거야?"

잘 듣고 있다가 이해가 안 가는 부분을 되물어보면 아이는 머릿속으로 정리는 되지 않지만, 알고는 있던 사실을 말해줍니다.

"아, 그거. 고양이가 생선이 너무 먹고 싶어서 나간 거야. 생선 값이 비싸서 할머니가 못 사줬거든."*

아이가 잘 대답하면 할수록 독서 상태, 독서 능력이 뛰어나다고 보면 됩니다.

이 문답의 과정은 그 자체로 독서 상태를 점검하는 일이자 최고의 독후 활동이기도 합니다. 자기가 재미있게 읽은 책을 나누는 기쁨을 누리면서 자신이 읽은 책의 내용을 정리할 수 있고, 어떤 질문을 던지느냐에 따라 생각의 폭을 확장할 수도 있으니까요.

"맙소사. 호랑이한테 속아서 꼼짝없이 죽게 생겼네. 그냥 지나쳐도 됐을 텐데 나그네는 호랑이를 왜 구해줬을까?"**

좋은 질문을 던지면 아이는 등장인물의 심리를 읽을 기회를 얻을 수 있습니다.

"아빠도 친구한테 속았던 적이 있는데. 넌 그런 적 없어?"

이야기 속 상황을 아이의 경험과 연결 지을 수도 있지요.

이렇게 아이의 이야기에 귀를 기울여주면 아이는 독서를 더 좋아하게 됩니다. 부모님께 이야기를 들려주고 싶어서 책을 더 열심히, 더 꼼꼼하게 읽는 거지요.

"책 얘기를 해주니 좋기는 한데 너무 자주 그러니까 힘들어요."

아이가 책 이야기하는 재미에 빠진 나머지, 부모님이 되려 힘들

---

* 《말썽꾸러기 고양이와 풍선 장수 할머니》 필리파 피어스 글, 논장
** 《토끼의 재판》 홍성찬 글·그림, 보림

어하는 웃지 못할 상황이 벌어지기도 합니다. 그래도 힘을 내서 귀 기울여주세요. 매일, 꽤 긴 시간 이야기를 들어주는 것이 힘든 일이긴 합니다. 그래도 아이가 책을 제대로 읽는 걸까 노심초사하고, 독서 퀴즈를 만드는 수고로움을 감수하는 것보다야 훨씬 쉽습니다. 그 자체로 훌륭한 독후 활동이기도 하니 말 그대로 일석삼조지요.

> "
> 최고의 독후 활동은
> 아이의 이야기에 귀를 기울여주는 것입니다.
> "

아이의 독서 상태 확인하는 법

독서 호감도 체크리스트

아래 문항을 체크해 보세요. 5문항 합이 12점 이상이면 좋음, 12점 이하면 개선이 필요한 상태입니다.

문항	아니다 (1점)	보통이다 (2점)	매우 그렇다 (3점)
도서관 가는 것을 좋아한다. 도서관에 가기 싫다고 말하는 경우가 거의 없다.			
독서 시간에 물을 마시러 가거나 화장실을 가는 경우가 거의 없다.			
책을 읽다 말고 책과 상관없는 이야기를 하는 경우가 거의 없다.			
책을 다 읽고 나서 책 이야기를 들려주고 싶어 할 때가 많다.			
독서 시간 외에 책을 읽을 때가 일주일에 서너 번은 있다.			

테스트를 통한 확인 방법

테스트를 통한 확인 방법에는 책 내용 말하기와 독서 퀴즈가 있습니다. 아이의 독서 상태를 직접 확인하는 것이기 때문에 효과는 확실하지만, 자율적인 독서를 침해할 위험이 있기 때문에 꼭 필요하다고 느낄 때만 활용해야 합니다.

1. 책 내용 말하기

책 내용 말하기는 그 자체가 고도의 지적 능력을 필요로 합니다. 아이가 책을 잘 읽었다 하더라도 책 내용을 조리 있게 정리해서 말하지 못할 수 있는 거죠. 아이가 부담을 느끼지 않도록 책 대화하듯 가볍게 이야기를 끌어내는 게 중요합니다.

① 이번 책 어땠어?

지나가듯 툭, 가볍게 아이가 최근에 읽었던 책에 관해 물어보세요. 핵심은 '네가 읽은 그 책이 어떤 책인지 궁금하다', '네가 읽은 책이 재미있어 보여서 흥미가 간다'라는 인상을 주는 것입니다.

② 무슨 내용이야?

아이가 어떤 책인지 간략하게 이야기해 주면 "오, 재밌겠는데" 하고 더 관심을 보입니다. 그리고 구체적인 내용을 말할 수 있도록 질문을 던집니다. 아이가 이야기를 들려주면 귀 기울여 들으며 적극적으로 호응합니다.

③ 되물어보기

아이의 이야기를 듣다가 궁금한 점이 생기거나 이해가 안 가는 부분이 있으면 되물어봅니다.

---

*책 내용 말하기의 구체적인 방법은 <2부 29장 어떤 독후 활동이 가장 효과적인가요?> 참고

2. 독서 퀴즈 풀기

독서 퀴즈는 아이의 독서 상태를 간단하고 정확하게 측정하는 방법입니다. 아이들이 좋아한다는 것도 큰 장점이지요. 다만 가정에서 직접 만들기가 어렵다는 게 단점입니다. 이럴 때는 이미 만들어진 독서 퀴즈를 활용하는 것이 방법이 될 수 있습니다.

- <공부머리 독서법 네이버 카페> 독서 퀴즈 게시판 활용하기

<공부머리 독서법 네이버 카페>에는 회원들이 직접 만든 독서 퀴즈를 공유하는 게시판이 있습니다. 책 세 권에 대한 독서 퀴즈를 만들어서 업로드하면 게시판 내 모든 독서 퀴즈를 열람할 수 있는 권한이 생깁니다.

- <공독서가> 독서퀴즈세트 활용하기

<공독서가> 독서퀴즈세트는 선정된 책 네 권을 구매하면 독서 퀴즈를 함께 받을 수 있는 책 꾸러미 상품입니다. 이 책 꾸러미의 장점은 근간 중 가독성이 가장 높고 재미있는 책을 엄선한다는 점, 독서 퀴즈의 목적에 맞는 문제로 구성돼 있다는 점입니다. 재미있는 정독의 경험을 유도하는 게 주목적이기 때문에 아이가 독서를 싫어하거나 독서의 재미가 시들해질 때 처방전으로도 쓸 수 있습니다. 방학 때 일시적으로만 판매하는 '방학 독서퀴즈세트'와 상시로 판매하는 '독서퀴즈세트 클래식'이 있으며, 자세한 정보는 <공부머리 독서법 네이버 카페>나 <공독서가> 스마트스토어[**]를 참고하면 됩니다.

[**] https://smartstore.naver.com/gongdockbooks

- **출판사 홈페이지 활용하기**

홈페이지를 통해 독서 퀴즈, 독후활동지 등을 제공하는 어린이책 출판사가 꽤 많습니다. 아이가 읽은 책 출판사 홈페이지에서 독서 퀴즈를 제공하는지 확인해 보세요.

> **아이의 독서 상태를 점검할 때 주의 사항**
>
> 책 내용 말하기나 독서 퀴즈를 시험처럼 여겨 결과가 나쁘다고 질책하면 아이가 독서를 싫어하게 되니 주의해 주세요. 아이가 독서 퀴즈를 재밌어한다고 독서 퀴즈를 너무 자주 하거나, 독서 퀴즈가 있는 책만 골라 읽히는 것 역시 스스로 책을 고르는 독서 습관을 해칠 수 있습니다. 독서 퀴즈는 일종의 독서 이벤트라고 생각하고 필요하다고 느낄 때 일회성으로만 활용하는 것이 좋습니다.

23.
잠자리에서만
책을 보려고 해요

많은 가정에서 잠자리 독서, 베갯머리 독서를 합니다. 워낙 유명한 독서법인 데다 잠자리에서 읽어주면 되니 시간 활용 측면에서도 매력적입니다. 이야기에 귀를 기울이다 잠든 아이의 예쁜 모습, 하루를 잘 마무리했다는 뿌듯함도 덤으로 얻을 수 있지요. 그런데 아이가 스스로 책을 읽을 무렵이 되면 '어, 이건 좀 아닌데' 하는 순간이 찾아옵니다.

"낮에는 읽자고 해도 말을 안 들어요. 어차피 잠자리에서 읽을 거라면서요."

잠자리 독서가 버릇이 되다 보니 아이가 낮에는 책을 아예 읽으려 들지 않는 것입니다.

매일 책 읽는 습관

잠자리 독서는 좋은 습관입니다. 책은 전자파를 내뿜지 않습니다. 숙면을 방해하는 게 아니라 숙면을 불러옵니다. 독서량으로 따져도 그렇습니다. 잠자리 독서만으로도 충분한 독서량을 쌓을 수 있습니다. '책을 왜 잠자리에서만 읽지?'가 아니라 '매일 책을 읽는 버릇이 들었네'라고 생각할 수도 있지요. 초등학생 10명 중 4명이 잠자리에서 스마트폰을 한다는 통계를 생각하면 잠자리 독서는 더없이 소중한 습관입니다.

다만 잠자리에서만 책을 읽는 원인은 짚고 넘어가야 할 필요가 있습니다. 정해진 시간에만 책을 읽는 것은 버릇이나 습관의 문제가 아니라 어떤 책을 만나느냐의 문제입니다. 잠자리에서 읽은 책이 재미있으면 뒤가 궁금해서 낮에도 틈틈이 읽게 되지만 고만고만하거나 재미없는 책이면 잠자리에서만 읽게 됩니다. 어디 아이들뿐이겠습니까. 성인 독서가도 마찬가지지요. 그러니까 부모님이 신경 써야 할 것은 낮에도 책을 읽는 습관을 들이는 것이 아니라 어떻게 하면 재미있는 책을 만나게 할 수 있느냐 하는 것입니다.

---

*바른 성장을 위한 생활 습관 실천에 대한 인식 조사, 2016, 대한소아내분비학회

잠자리 독서를 하는 가정은 여러모로 상황이 좋다고 할 수 있습니다. 아이가 잠자리에 누워 책을 읽는 맛을 알 정도로 독서 호감도가 높은 데다 가족 독서 시간을 따로 가지지 않아도 책을 읽고 있으니까요. 독서 시간을 마련하는 것부터 시작하지 않는 것만 해도 일이 한결 수월하지요.

부모가 할 일은 아이가 재미있는 책을 고를 수 있도록 돕고, 잠자리 독서에 방해가 되는 독서 환경이 없는지 살피는 정도입니다. 잠자리 독서가 흐지부지 지나가는 시간이 아니라 실제로 책을 읽는 시간이 될 수 있도록 말이죠.

잠자리 독서 환경 점검하기

첫 번째로 점검할 것은 시간입니다. 충분한 독서 시간, 수면 시간을 확보하려면 잠자리 독서 시간을 여유 있게 잡는 것이 좋습니다. 아이의 평균 독서 시간이 30분, 부모님이 생각하는 적정 취침 시간이 9시 30분이라면 늦어도 8시 30분에는 잠자리 독서를 시작하는 것이 좋습니다. 30분 정도 책을 읽는 아이라고 해서 매번 30분만 읽고 마는 게 아니니까요. 재미있는 책을 만나면 독서 시간이 자연히 길어집니다. 독서 시간을 여유 있게 잡으면 독서 때문에 수면 시간을 빼앗기는 것을 어느 정도 방지할 수 있습니다.

다음으로 할 일은 수면 시간의 마지노선을 정하는 것입니다. 독서 호감도가 높은 아이가 재미있는 책을 만나면 독서 시간이 무한정 길어질 수 있습니다. 자주 있는 일이 아니니 허용하겠다면 마지노선을 정할 필요는 없지만 아무리 재미있는 책을 만나더라도 '○시까지는 자야 한다'라는 기준이 있으면 그 시간을 아이에게 알려주세요. 그것만으로도 불필요한 의견 충돌을 방지할 수 있습니다.

그 외에 아이가 잠자리 독서를 할 때 거실 텔레비전을 켜두는 것은 아닌지, 독서 등이 어둡지는 않은지, 쿠션이 필요하지는 않은지 등도 소소하지만 점검이 필요한 사항입니다.

어린 시절부터 독서가였다면 가슴 떨리는 잠자리 독서의 추억이 있을 겁니다. 공구함에서 손전등을 몰래 꺼내와 이불을 뒤집어쓰고 부모님 몰래 책을 읽었던 경험 말입니다. 어느 늦은 밤, 아이의 이불이 꿈지럭거리고 그 밑으로 불빛이 새어 나온다면 한 번쯤은 모른 척 눈감아주세요. 아이는 지금 먼 훗날 성인이 되어서도 기억에 남을 독서의 추억을 만드는 중이니까요. 그런 소소한 추억들이 아이를 책과 떼려야 뗄 수 없는 존재로 만들어줍니다.

> "
> 아이가 잠자리에서만 책을 읽는 게 아니라
> 매일 규칙적인 독서 생활을 하고 있다고
> 생각을 전환해 보세요.
> "

24.
책 읽는 자세가 나빠요

아이들이 책 읽는 자세를 보면 '저렇게 읽어도 되나?' 싶을 정도로 '창의적'일 때가 많습니다. 책을 들고 뒹굴뒹굴 굴러다니거나 엎드린 채로 읽거나, 누운 자세로 소파에 다리를 올려놓고 읽고, 밥을 먹으면서 혹은 화장실에서 읽기도 합니다.

좋은 독서 자세는 독자 자신이 집중이 잘되는 자세, 본인이 편한 자세입니다. 저는 때와 장소를 그다지 가리지 않고 독서를 하는 편입니다만 책상에 정자세로 앉아 책을 읽는 것만큼은 좋아하지 않습니다. 특별한 이유는 없고 그냥 소파에 널브러져 읽거나 바닥에 엎드려 읽는 편이 훨씬 좋습니다. 어쩌다 책상에서 책을 읽을 때도 있는데 그럴 때는 의자를 한껏 뒤로 젖히고 책상에 다리를 걸치는 방만한 자세로 읽죠. 물론 이것은 제 경우고 정자세로 책상 앞에 앉아 정갈하게 읽는 것을 좋아하는 분도 있을 겁니다. 잘 읽히는 자세가 사람마다 다른 것이지요.

아이들도 마찬가지입니다. 아이가 좋아하는 자세가 보기에 불편할 때도 있겠지만 뭐 어떻습니까. 독서에 집중할 수 있으면 된 거죠. 부모의 개입이 필요한 경우는 책에 코를 박고 읽거나 조명이 좋지 못한 곳에서 읽는 예처럼 건강이나 생활 습관에 악영향을 끼칠 우려가 있을 때입니다. 그 외에는 딱히 문제 될 게 없습니다.

식사 중에 책을 읽거나 화장실에서 책을 읽는 것처럼 독서가 생활 습관에 영향을 주는 경우는 부모님의 교육관에 따라 판단하면 됩니다. 아무리 독서가 좋다 하더라도 식사 시간에 책을 읽는 것은 예절이 아니라고 판단되면 못 하게 하면 되고, 식사 예절보다 독서에 빠진 상태가 더 중요하다고 생각되면 내버려두면 됩니다.

아이 자신이 편한 자세로 읽을 수 있도록 최대한의 자유를 주세요. 독서를 휴식으로 느낄 수 있는 자세, 책이 잘 읽히는 자세가 가장 좋은 자세입니다.

> "
> 좋은 독서 자세는 사람마다 다릅니다.
> "

25.
다둥이 가정, 독서 지도가 어려워요

"첫째가 초등 2학년이고, 둘째가 5살인데요. 아이들 나이 차이가 있다 보니 읽어주는 책 수준 때문에 곤란할 때가 많아요. 첫째 책을 읽어주면 둘째한테 안 맞는 것 같고 둘째 책을 읽어주면 첫째가 신경 쓰이고요. 어떻게 하면 좋을까요?"

한참 책을 읽어줄 나이의 자녀를 둔 다둥이 가정의 부모님들로부터 자주 받는 질문입니다. 다둥이라는 이유로 발생하는 독서 지도 문제는 이것 말고도 많습니다. 가족 독서 시간에 미취학 자녀에게 책을 소리 내 읽어주면 초등학생 자녀의 혼자 읽기에 방해가 되고, 아들과 딸의 취향 차이 때문에 읽어주는 책 선택에 문제가 발생하기도 합니다. 남동생 책을 읽어줄 때는 누나가 따분해하고, 누나 책을 읽어줄 때는 남동생이 심심해하는 식으로 말입니다. 엄마, 아빠가 각자 따로 독서 지도를 해주면 좋겠지만 현실적으로 어려운 경우가 많습니다.

이렇게 온갖 문제를 끌어안고 힘들게 책을 읽어주다 보면 '이게 아이들에게 과연 도움이 될까?' 하는 의구심마저 생기게 됩니다. 지극히 개인적인 행위라는 독서의 특성이 다둥이 가정이라는 현실과 충돌하면서 발생하는 문제인 셈입니다.

그런데 이런 문제들은 관점과 방법을 조금 바꾸는 것으로 상당 부분 해소할 수 있을 뿐 아니라 오히려 장점으로 활용할 수도 있습니다. 일단 읽어주는 책의 수준 차이는 문제 될 것이 없습니다. 읽어주기의 특성상 형이나 누나가 고른 책을 영유아기의 동생이 옆에서 듣는다고 해서 스트레스를 받지는 않습니다. 오히려 즐거운 분위기 속에서 연령 대비 논리 구조가 복잡한 이야기에 노출되는 효과를 누릴 수 있습니다. 동생이 고른 책을 형이나 누나가 듣는 경우도 자신의 사고 수준보다 쉬운 책을 통해 이야기 전체를 완전히 장악하는 경험을 할 수 있다는 점에서 유익합니다. 형에게 맞는 책과 동생에게 맞는 책을 골고루 읽어주기만 한다면 양쪽 모두에게 유익한 독서라고 할 수 있습니다.

맏이는 읽기 독립을 했는데 동생은 아직 읽어줘야 할 시기인 경우는 책 읽어주기 시간 외에 맏이에게 따로 읽을 시간을 주면 됩니다. 초등 저학년은 스스로 읽기와 읽어주기를 병행하는 시기인데, 보통 이 또래 아이들이 큰 고통을 느끼지 않고 스스로 읽을 수 있는 시간이 10~30분 정도입니다. 매일 10~30분만 따로 읽을 수 있도록 지도하면 되는 거죠.

아이가 읽기에 어느 정도 능숙해지면 동생에게 읽어주도록 유도하는 것도 좋은 방법입니다. 혼자서 읽기와 들어주는 청자가 있는 읽기는 완전히 다른 활동입니다. 들어주는 사람이 있으면 아이는 훨씬 더 감정을 실어서 능동적으로, 집중력을 발휘해서 읽게 됩니다.

책 읽어주기는 부모와 아이가 함께 참여하는 공연이라고 할 수 있습니다. 이 공연의 과정에서 아이는 마음의 힘을 키우고, 이야기의 맥락을 짚어내는 힘을 기릅니다. 다둥이 가정의 책 읽어주기는 작품을 선택하는 사람과 출연자가 많은 공연이라 시끌벅적하고 소소한 문제도 많이 생깁니다. 하지만 그래서 장점도 많습니다. 너무 염려하지 마세요. 함께 책을 읽는 그 시간이 얼마나 즐겁고 재미있을 수 있는가. 오직 이것만 생각하면 됩니다.

"
다둥이 가정의 장점을 활용해 보세요.
"

다둥이 가정 독서 시간 운영하는 법

스스로 읽는 아이, 읽어줘야 하는 아이를 분리해서 따로 독서 시간을 갖는 것이 가장 좋지만, 현실적으로 불가능한 경우가 많습니다. 이럴 때는 '함께, 또 따로' 전략을 쓰는 것이 효과적입니다.

1. 함께 책 읽어주기 시간 갖기

아이 모두와 책 읽어주기 시간을 갖습니다. 읽어주는 책의 권수는 아이마다 공평하게 배분합니다.

2. 읽기 독립을 한 자녀는 별도 독서 시간 운영하기

읽기 독립을 한 아이는 따로 10~30분 스스로 읽기 시간을 마련해줍니다. 이때 중요한 것은 동생이 맏이의 독서를 방해하지 못하도록 지도하는 것입니다. 맏이가 독서에 집중할 수 있도록 소란스럽게 떠들지 못하게 하는 것은 물론 미디어나 스마트 기기 사용 등도 금지합니다.

3. 동생에게 읽어주도록 유도하기

맏이가 스스로 읽기에 어느 정도 능숙해지고 나면 동생에게 읽어주도록 유도합니다.

26.
어휘력 관련 도서가 도움이 될까요?

　제가 강사 생활을 시작하던 무렵에도 어휘력 관련 도서는 독서 논술 교육 커리큘럼의 중요한 요소였습니다. 그때도 교과서를 어려워하는 학생이 많았고, 그런 현상이 일어나는 이유가 낮은 어휘력 때문이라는 진단이 지배적이었기 때문입니다.

　어떻게 읽느냐, 어떤 구성이냐에 따라 다소 차이가 있긴 하지만 저는 어휘력 관련 도서의 효과에 회의적입니다. 어휘력 관련 도서의 본질은 어휘의 뜻을 알려주는 것입니다. 만화를 활용하고, 스토리텔링을 집어넣어도 아이들의 관심과 흥미를 끌기 힘든 형태의 책, 책이라기보다는 학습지에 가까운 도서니까요. 독서가 아니라 학습을 하게 되는 책이니 아이가 재미를 느끼기도 쉽지 않습니다. 설사 한 챕터를 재미있게 읽더라도 다음 챕터에 손이 잘 가지 않는 경우가 많습니다. '대대손손'을 재미있게 읽었다고 해서 '자화자찬'도 궁금한 것은 아니니까요. 그래서 책을 사주고 읽으라고 하면 십중팔구 서너 페이지 훑어본 후 방치하기 십상입니다. 설사 공부 삼아 끝까지 읽는다고 해도 효과는 제한적일 가능성이 큽니다. 건성으로 읽기 쉬운 데다, 제대로 읽어도 한 번 독서로 책에 나오는 어휘의 뜻을 모두 기억할 수는 없기 때문입니다. 일주일만 지나면 상당수의 어휘가 희미해집니다. 읽히기도 힘들고, 읽어도 눈에 띄는 어휘력 향상 효과는 기대하기 힘듭니다.

독서를 통한 어휘력 향상 방법

이론적으로만 보면 어휘력을 기르는 가장 좋은 방법은 책을 읽다가 모르는 단어를 발견했을 때 그 단어의 뜻을 그 자리에서 바로 찾아보는 것입니다. 단어의 사전적 의미는 물론 단어의 용법과 뉘앙스를 알 수 있고, 글의 맥락 속에서 어휘의 뜻을 학습하기 때문에 훨씬 더 잘 기억할 수 있습니다. 지금 읽고 있는 글에 대한 이해도까지 끌어올릴 수 있으니 일석이조입니다.

문제는 책을 읽다 말고 사전을 찾으면 그 어휘의 뜻을 알게 되는 대신 독서의 재미를 잃기 쉽다는 점입니다. 책을 읽다가 멈추는 것은 숙련도가 필요한 고급 독서 기술입니다. 아무리 책을 좋아하더라도 아이는 아이이기 때문에 모르는 단어가 나올 때마다 사전을 찾게 하면 백이면 백 독서에 대한 흥미를 잃어버리게 됩니다. 빈대 잡으려다가 초가삼간 태우는 꼴이 되는 셈이지요.

어휘 도서도 별 효과가 없고 사전 찾기도 안 되면 아이의 어휘력은 어떻게 키우느냐고요? 그냥 책을 읽으면 됩니다.

"진짜로 전투 개시!"
따따부따가 소리치면서 남군 진지로 뛰어들었다.*

아이가 '개시', '진지'라는 단어를 이 글에서 처음 접했다고 해보겠습니다. 아이가 이 단어를 몰라서 글을 이해하지 못할까요? 그렇지 않습니다. 단어는 외따로 떨어진 섬이 아니라 문맥이라는 흐름 안에 자리 잡고 있습니다. 문맥을 이해하면 모르는 단어의 뜻도 어느 정도 유추할 수 있습니다.

아이는 등장인물들이 편을 나눠 전쟁놀이하려는 상황을 알고 있습니다. "전투 개시" 하고 소리치며 뛰어들었으니 문맥상 '개시'가 시작과 비슷한 뜻이라는 것도 짐작할 수 있지요. 같은 방식으로 '진지'의 뜻도 알아낼 수 있습니다. 어느 모로 보나 남군 진지는 '남군 아이들이 모여있는 곳' 혹은 '남군 아이들이 있는 쪽'을 가리킵

---

* 《우리 선생님 최고》 하이타니 겐지로 글, 쓰보야 레이코 그림, 논장

니다. 그런데 지금은 전쟁놀이 중입니다. 이런 단서를 통해 아이는 '진지라는 게 군대가 모여있는 곳을 말하는 건가 보다' 하고 짐작할 수 있습니다.

독서를 통한 어휘력 향상은 이렇게 어휘의 사전적 의미를 알아내서 글을 이해하는 게 아니라 글을 이해하는 과정에서 어휘의 뜻을 추측해 내는 방식으로 이뤄집니다.

아이의 어휘력이 걱정된다면 어휘 관련 도서를 읽힐 게 아니라 아이가 독서를 즐길 수 있도록 이끌어주세요. 부모가 할 일은 아이가 요청할 때 도움을 주는 정도입니다.

"아빠. 여기 나오는 애가 '진짜로 전투 개시!'라고 말했는데 개시가 무슨 뜻이야?"

"뭘 시작한다는 뜻이지."

휴대용 사전처럼 아이의 물음에 답해주는 거지요. 독서의 맥락을 깨지 않고도 사전을 찾는 것과 비슷한 효과를 누릴 수 있는 방법입니다.

공부를 통해 어휘력을 향상하는 방법

이렇게 독서만 잘하면 교과서를 술술 읽을 수 있을 만큼 어휘력을 기를 수 있을까요?

그렇지는 않습니다. 제아무리 어휘력이 뛰어난 아이도 교과 어휘를 모두 알 수는 없습니다. 만약 그런 아이가 있다면 학교에서 배울 게 없는 아이, 학교가 무의미한 아이지요. 학교 공부는 그 자체가 그 나이에 알아야 할 학습 어휘를 익히는 일입니다. '덧셈, 뺄셈'이라는 어휘의 정확한 뜻을 배우는 것이 수학이고, '민주주의', '선거' 같은 어휘의 뜻을 배우는 것이 사회입니다. 어른의 공부도 마찬가지입니다. 부동산 관련 용어에 해박해지는 것이 공인중개사 공부이고, 법률 관련 용어에 해박해지는 것이 법률 전공 공부입니다. 교과서의 어휘를 모두 알기를 바라는 것은 배우기도 전에 교과 내용을 다 알기를 바라는 것과 같습니다. 애초에 실현 불가능한 바람입니다.

어휘력을 끌어올리려면 그냥 공부를 공부답게 하면 됩니다. 아이에게 교과서와 연필을 줍니다.

"오늘은 국어 교과서 두 페이지를 읽자. 모르는 단어가 나오면 연필로 표시하는 거야."

독서를 많이 한 아이의 강점이 드러나는 순간이 바로 이때입니다. 책을 많이 읽은 아이는 생활 어휘가 풍부하고 문맥을 파악하는 능력이 뛰어납니다. 그래서 교과서를 읽을 때 자신이 모르는 어휘가 무엇인지 명확하게 압니다. 문맥을 따져봐도 그 뜻을 짐작할 수 없는 어휘만 정확하게 골라내 표시할 수 있지요. 그렇게 찾아낸 단어의 뜻만 알아내면 1차 학습이 끝납니다. 반면 책을 많이 읽지 않은 아이는 생활 어휘가 부족해서 모르는 단어가 많은 데다 낮은 언어능력 탓에 문맥을 잘 이해하지 못합니다. 그래서 자신이 어떤 단어를 알고 모르는지 잘 구별하지 못합니다. 공부의 과정이 훨씬 지난하고 복잡할 수밖에 없습니다.

초등 1, 2학년부터 공부를 이렇게 하라는 말씀은 아닙니다. 초등 1, 2학년은 본격적인 학습기가 아닌 데다 교과서의 어휘도 생활 어휘의 범위에서 크게 벗어나지 않습니다. 이때는 책을 재미있게 읽도록 이끌어주는 것으로 충분합니다. 교과서 어휘 찾기는 본격적인 학습기에 접어드는 초등 3, 4학년 이후부터 시작하면 됩니다.

> "
> 어휘력을 기르는 가장 확실한 방법은
> 독서를 독서답게 즐기고
> 공부를 공부답게 하는 것입니다.
> "

어휘력 기르는 방법

어휘력은 어휘 교재를 풀고 외우는 방식으로는 기르기 어렵습니다. 문장과 맥락 안에서 그 어휘가 실제로 어떻게 쓰이는지 직접 읽어봐야 그 어휘의 뜻과 용법을 정확히 알 수 있기 때문입니다. 독서와 공부가 어휘력 향상의 주된 방법인 이유가 바로 여기에 있지요.

1. 어휘력을 기르는 독서법

그냥 책을 재미있게 읽으면 됩니다. 독서 과정 자체가 어휘력을 강화하는 과정이기 때문입니다. 책을 읽을 때 아이는 아는 단어와 모르는 단어를 골고루 접하게 됩니다. 여기서 중요한 것은 이 단어들이 문장과 맥락 안에 실제로 활용된 상태라는 점입니다. 덕분에 아이는 앞뒤 맥락을 통해 모르는 단어의 뜻을 추측하는 훈련을 하게 됩니다. 이미 아는 단어라 하더라도 그 단어의 다양한 용법과 뉘앙스를 체감하게 되지요.

한 가지 주의할 것은 독서 중에 국어사전을 찾게 하는 것은 독이 될 가능성이 아주 크다는 점입니다. 아이가 단어의 뜻을 물어볼 때 부모님이 대답을 해주는 것이 가장 좋습니다.

2. 어휘력을 기르는 공부법

국어사전은 공부할 때 사용하는 것이 가장 좋습니다. 공부의 과정은 교과서라는 책을 읽고 꼼꼼히 이해하는 과정입니다. 우선 공부할 단원을 통독하며 전체 맥락을 이해합니다. 그런 다음 연필로 표시해 둔 모르는 어휘, 어려운 개념을 사전에서 찾아봅니다. 그리고 다시 한번 통독합니다. 이것이 공부의 가장 기초적인 방식입니다.

아이가 아직 어리기 때문에 반드시 이렇게 공부해야 하는 것은 아닙니다. 어휘력이 걱정된다면 어휘 교재를 푸는 것보다 이 방식이 더 확실하다는 뜻이지요.

27.
한자 교육을 따로 해야 할까요?

아이에게 한자 교육을 해야 하느냐, 마느냐는 교육계의 오래된 논쟁거리 중 하나입니다. 표준국어대사전의 한자어 비중이 57퍼센트에 이르기 때문에 한자를 모르면 글을 읽고 이해하는데 문제가 생긴다고 주장하는 사람도 있고, 실생활에서 쓰이지 않는 단어를 제외하면 30퍼센트 남짓인데 그 어휘들은 별도의 한자 교육 없이도 충분히 익힐 수 있다고 주장하는 사람도 있습니다.

양쪽 다 일리가 있다 보니 이쪽 이야기를 들으면 한자 교육을 해야 할 것 같고, 저쪽 이야기를 들으면 안 해도 될 것 같은 생각이 듭니다.

한자 교육, 해야 할까요? 말아야 할까요?

한자 교육을 결정하기 전에 고려해야 할 것들

한자 학습이 독서 능력에 도움이 되는 것은 분명한 사실입니다. 한자를 알면 이미 알고 있던 어휘의 뜻도 더 정확하게 알 수 있고, 처음 보는 어휘의 뜻도 좀 더 쉽게 추측할 수 있습니다. 한자 학습의 이런 이점은 실생활과 독서, 학교 공부, 입시까지 전방위적인 영향을 미칩니다.

이런 분명한 장점이 있긴 하지만 현실적으로 고려해야 할 사항도 있습니다. 우선 한자 학습이 상당한 시간과 노력이 드는 일이라는 점입니다. 생활 한자만 공부해도 2,000~3,000글자를 외워야 합니다. 초등학생이 소화하기에는 절대 만만치 않은 양입니다. 중등 교과에 한문이 포함돼 있다는 점을 고려하면 초등학생인 아이에게 과도한 학습 부담을 지우는 게 옳은가 고민하지 않을 수 없습니다.

두 번째는 독서 능력에 있어서 정작 한자를 읽고 쓰는 능력은 큰 의미가 없다는 점입니다. 독서 능력에 영향을 끼치는 것은 한자 자체를 읽거나 쓸 줄 아는 것이 아니라 '대大'는 '크다', '전戰'은 '싸움', '야夜'는 '밤'처럼 소리와 뜻을 아는 것입니다. 어린이책은 물론 성인 도서 대부분이 한글 전용 원칙을 따르기 때문에 동양 고전, 학교 공부에서 한문이나 고전 문학 정도가 아니라면 한자를 직접 읽고 쓸 일은 거의 없습니다.

마지막으로 한자의 소리와 뜻을 알면 더 유리한 것은 사실이지만 모른다고 해서 초등이나 청소년 도서, 교과서를 읽는 데 어려움을 겪는 것은 아니라는 점입니다. 교과서나 책을 읽다가 모르는 단어가 나오면 어차피 사전을 찾아봐야 합니다. 한자를 아는 것만으로는 그 단어의 정확한 뜻을 알 수 없기 때문입니다.

미술 교육을 받으면 미적 감각을 키울 수 있고, 미술 수업을 들을 때 좀 더 유리합니다. 음악 교육을 받으면 음악적 감각을 키울 수 있고, 음악 수업을 들을 때 좀 더 유리합니다. 하지만 필수 사항은 아닙니다. 한자 교육도 마찬가지입니다. 한자를 습득하면 유리한 점이 많지만, 필수적인 것은 아니지요.

부모의 교육 철학에 따라, 장단점을 곰곰이 따져 결정하면 될 일입니다. 만약 어느 쪽으로든 결정을 내리기 힘들다면 가벼운 마음으로 아이의 뜻에 맡겨보는 것은 어떨까요? 한자에 관심을 가지도록 유도해 보되 끝내 별 관심을 보이지 않는다면 굳이 시키지 않는 걸로요.

> "
> 한자 교육은 필수가 아닌 선택입니다.
> "

28.
독서 논술 학원은
언제 보내는 게 좋을까요?

"독서 논술 학원을 보내면 아이가 책을 잘 읽을 수 있을까요?"

"논술 학원은 몇 학년 때 보내는 게 좋은가요?"

"독서 논술 학원이 정말로 효과가 있나요?"

독서 논술 수업은 '수업식 독후 활동'입니다. 충실한 독서가 전제되면 당연히 큰 효과를 얻을 수 있습니다. 수업하는 족족 언어능력이 올라가고, 토론과 글쓰기 실력이 향상됩니다. 사실 수업 도서를 잘 읽어오는 아이에게는 강사가 해줄 것도 별로 없습니다. 문해력은 책만 제대로 읽으면 올라가니 당연히 신경 쓸 필요가 없고, 글감도 저 혼자 잘 구성해 내니 글쓰기도 걱정할 게 없습니다. 글이나 말이 매끄럽지 못한 것은 기술적인 문제이기 때문에 몇 가지 방법론만 알려주면 순식간에 개선됩니다. 평소에 책을 좋아하고 많이 읽은 아이라면 한 달도 채 안 돼 근사한 글을 쓰고 논리적인 토론을 할 수 있게 됩니다.

문제는 독서 논술 학원에 보낸다고 해서 모두가 이런 효과를 누리는 게 아니라는 점입니다. 독서 논술 수업 효과의 대부분은 독서 그 자체에서 나옵니다. 제아무리 좋은 선생님을 만나 꾸준히 수업을 해도 가정에서 책을 제대로 읽어오지 않으면 수업 효과를 기대할 수 없습니다. 책을 대충 읽어오니 언어능력 향상 효과는 당연히 발생하지 않고, 책 내용을 잘 몰라 수업 시간에 선생님이나 다른 친구들이 한 말을 토대로 글을 쓸 수밖에 없으니 형식적이고 텅 빈 글을 쓰게 됩니다. 그 와중에 기술적인 것들만 익히게 돼 뒤에 가면 아이 자신이 전혀 드러나지 않는, 껍데기뿐인 글을 쓰는 것이 몸에 배어버리지요. 독서 논술 수업이 도움이 되는 것이 아니라 오히려 악영향을 끼치게 되는 겁니다.

독서 논술 학원이 아이의 독서를 책임져 줄 수는 없습니다. 수업은 학원에서 하지만 책은 가정에서 읽기 때문입니다. 독서 논술 학원을 보내든 보내지 않든 결국 독서는 가정에서 챙겨야 합니다.

가정에서 충실한 독서를 할 수 있다면 그것만으로도 독서를 통해 얻을 수 있는 거의 모든 효과를 누릴 수 있습니다. 독서 논술 학원은 거기에 글쓰기와 토론 실력을 다듬어주고, 책을 읽는 다른 관점을 제공하는 일을 해주지요. 물론 이것도 큰 의미가 있는 일입니다. 하지만 반드시 해야 하는 필수 사항은 아닙니다. 독서의 요체는 어디까지나 독서 그 자체이기 때문입니다.

독서 논술 수업으로 효과를 보는 법

만약 독서 논술 학원을 보내기로 마음먹었다면 몇 가지 사항을 점검해야 합니다.

우선 독서 논술 학원의 커리큘럼 책들의 난도가 높은가, 지식도서의 비중이 얼마나 되는가를 살펴봐야 합니다. 상대적으로 어려운 책이 많고 지식도서 비중이 높으면 가정에서 독서 지도를 하는 것이 거의 불가능한 임무가 돼버립니다. 그 학년의 언어 수준에 맞거나 오히려 살짝 낮은 책, 지식도서보다 이야기책 비중이 높은 학원을 선택하는 것이 실질적 효과를 볼 수 있는 방법입니다.

학원을 정하셨다면 '글쓰기나 토론보다 독서 상태를 확실하게 체크해 달라'라는 의사를 명확히 전달해야 합니다. 독서 논술 강사의 첫 번째 임무가 책을 읽게 만드는 것이긴 합니다만 책을 읽지 않고 버티는 아이 한 명 한 명을 일일이 지도하는 것은 불가능에 가깝습니다. 가정에서 독서 지도를 할 테니 아이의 독서 상태가 좋지 못할 때는 연락을 해달라고 부탁하세요.

그리고 실제로 가정에서 독서 지도를 해야 합니다.

가정 독서 지도에서 반드시 지켜야 할 것은 두 가지입니다.

첫째는 독서 논술 학원의 수업 도서를 반드시 다 읽도록 지도하는 것입니다. "수업 책 다 읽었어?", "얼른 읽어"라고 말하는 것은 독서 지도가 아닙니다. 가족 독서 시간을 운영하든, 따로 체크를 하든 아이가 실제로 읽을 수 있도록 이끌어주어야 합니다.

둘째는 독서 논술 학원에서 읽는 책이 아이가 읽는 책의 전부가 되지 않도록 하는 것입니다. 독서 논술 수업을 하든 말든 주기적으로 도서관에 가서 책을 고르고, 그렇게 고른 책을 읽는 독서 생활을 해야 합니다. 만약 아이의 문해력이 또래 평균치보다 낮다면 학원 수업에 필요한 책 읽기에 어려움을 겪게 됩니다. 아이가 고른 쉬운 책을 함께 읽으면 이 어려움을 빠르고 쉽게 극복할 수 있습니다. 물론 아이의 문해력이 또래 평균치, 혹은 그 이상이라면 독서 논술 수업 도서를 잘 읽는 것만으로도 충분한 언어능력 향상 효과, 수업 효과를 볼 수는 있습니다. 하지만 이렇게 지도하면 아이는 독서가로 성장하기 어렵습니다. 책을 구경하고, 고르고, 읽는 경험을 거듭해야만 독서 감각이 생기고, 독서가의 자의식도 기를 수 있기 때문입니다. 그러지 않으면 학원을 그만두는 순간 독서도 그만두게 될 가능성이 매우 높습니다.

> "
> 독서 논술 학원에 보내더라도
> 가정에서 아이의 독서 상태를 꼭 점검해 주세요.
> "

독서 논술 학원에 대해 자주 듣는 질문

1. 독서 논술 학원은 몇 학년 때 보내는 게 좋을까요?

독서 논술 학원은 필수가 아니라 선택입니다. 따라서 '몇 학년 때 보내야 한다'라는 기준은 없습니다. 다만 독서 논술 학원에 보내기로 마음먹었다면 발달 단계상 읽기 자동화가 완전히 끝난 후인 초등 3학년 이후가 좋습니다.

2. 독서 논술 학원에 보내지 않으면 글쓰기 실력이 뒤처지지 않을까요?

글쓰기의 핵심은 글을 얼마나 매끄럽게 쓰느냐가 아니라 글의 내용, 즉 글감의 구성에 있습니다. 똑같이 독서 논술 학원에 다녀도 글쓰기 실력이 천차만별인 이유가 여기에 있습니다. 강사가 글의 형식, 글쓰기 기술은 가르칠 수 있지만 글감은 아이 스스로 구성해야 하기 때문입니다. 책을 좋아하는 아이는 글감을 잘 구성합니다. 기본적인 글쓰기의 기술도 내면화되어 있지요. 지금 당장은 뒤처지는 것처럼 보일 수 있지만 독서에 집중하는 것만으로도 충분합니다.

3. 책 읽기만 시키는 독서 학원은 보내도 될까요?

당연히 됩니다. 책 읽기 자체에 집중하기 때문에 독서 능력을 향상하는 데 더 효과적일 수 있습니다. 단, 책 읽는 아이로 기르려면 이런 학원을 보내더라도 가정에서의 독서 생활은 계속 유지하는 게 좋습니다. 학원 선생님과의 소통을 통해 아이의 독서 상태를 주기적으로 점검하는 것도 필요합니다.

29.
어떤 독후 활동이 가장 효과적인가요?

"가정에서까지 뭘 굳이 하시려고요."

독후 활동 질문을 받을 때마다 제가 드리는 말씀입니다. 독후 활동이 효과가 없어서가 아닙니다. 독후 활동을 하면 한 번 읽고 덮어버릴 때와는 비교가 되지 않을 정도로 책을 깊이 이해할 수 있고 자기 자신에 대해, 세상에 대해 다양한 생각을 궁글려볼 수 있습니다. 덕분에 독서 능력의 비약적인 발전은 물론 사고력과 자기 이해 능력, 글쓰기 실력까지 끌어올릴 수 있지요.

그럼에도 제가 독후 활동을 하지 말라고 말씀드리는 것은 이런 효과들이 이론적인 이야기에 그치기 때문입니다. 대부분 아이가 독후 활동의 효과를 보는 게 아니라 오히려 독후 활동 때문에 독서를 싫어하게 되는 부작용을 겪습니다. 책을 좋아하든 싫어하든 아이는 아직 초보 독서가입니다. 책을 읽으면서 많은 것을 느낀다 해도 그 느낌을 언어로 표현하는데 서툴고, 손힘이 약해 글씨를 쓰는 것도 힘들어합니다. 그런 아이에게 독후감이나 독서록 같은 쓰기 위주의 독후 활동을 시키면 어떻게 될까요?

책을 좋아하는 아이는 '책은 재미있지만 읽으면 써야 하잖아' 하고 부담을 느끼게 됩니다. 책을 싫어하는 아이는 '읽는 것도 싫은데 쓰기까지 해야 해?' 하고 독서를 더 싫어하게 됩니다. 독후 활동 때문에 독서가 '산 넘어 산'처럼 느껴지는 겁니다.

물론 학교에서 독서록, 독후감 숙제를 내주는 게 잘못됐다는 뜻은 아닙니다. 지금의 공교육 현실에서는 달리 할 수 있는 독서 지도가 없으니까요. 다만 독후 활동을 가정에서까지 하는 것은 부작용을 양산하는 무리한 일이 될 수밖에 없다는 거죠.

효과적인 독후 활동

독후 활동의 효과는 그 책이 너무 좋아서 자발적으로 했을 때만 누릴 수 있습니다. 성인이 블로그에 자신의 독서 기록을 남기거나 필사나 초록을 하는 것이야말로 큰 효과를 누릴 수 있는 진짜 독후 활동인 셈입니다.

책을 좋아하는 아이들도 종종 자발적인 독후 활동을 합니다. 자기가 좋아하는 책에 '최고의 책' 띠지를 만들어 붙이거나 너무 재미있어서 부모님께 책 이야기를 늘어놓거나 책 내용을 그림으로 그리는 것 등의 활동이 그렇지요. 부모가 해줄 수 있는 최고의 독후 활동은 아이가 자발적인 독후 활동을 할 때 말리지 않고 성심껏 호응해 주는 것입니다.

"아빠, 아빠. 오늘 내가 읽은 책 말이야."

아이가 이렇게 말을 걸 때야말로 독후 활동의 '골든타임'입니다. 만사 제쳐놓고 아이의 이야기를 적극적으로 끌어내 보세요.

"오, 재미있는 책 읽었나 보네. 어떤 책인지 궁금한데."

아이가 마음을 졸였을 법한 부분에서는 부모님도 함께 마음을 졸이고,

"맙소사. 불쌍한 돼지. 꼼짝없이 죽게 생겼네. 그래서 어떻게 됐는데?"*

아이가 감탄했을 법한 부분에서는 함께 감탄을 해주는 겁니다.

"와, 이렇게 빠져나올 줄이야. 그 돼지, 천재 아니니?"

이렇게 진심으로 귀를 기울여주면 아이는 신바람이 나서 더 재미있게, 더 잘 이야기해 주려고 없던 집중력까지 박박 긁어모아 이야기를 들려줍니다. 아이의 머릿속은 내용을 재구성하느라, 그 재구성한 내용을 재미있게 전달하는 법을 찾느라 분주해지지요. 책을

---

* 《아기 돼지 세 마리》 데이비드 위즈너 글·그림, 마루벌

읽을 때는 미처 생각지 못했던 부분을 이야기하면서 재발견하기도 합니다.

"그런데 비행기는 언제 탄 거야? 비행기 이야기는 없었잖아."

아이의 이야기에서 의문이 가거나 자세히 알고 싶은 부분이 있으면 질문을 던져보기도 하고,

"아빠도 어릴 때 비슷한 일이 있었지."

관련해서 부모님의 경험이나 생각을 이야기해 주고,

"근데 그 늑대 좀 불쌍한 거 같은데. 너는 어땠어?"

아이가 감정 표현을 하도록 이끌어주면 됩니다. 한마디로 책을 읽은 아이와 책을 읽지 않은 부모가 함께 책 대화를 하는 거죠. 아이는 자신이 주도하는 이 책 대화 과정에서 사고력과 자기 이해 능력, 논리를 구성하는 능력을 키울 수 있습니다. 그것도 아무 부담 없이, 재미있게요. 무엇보다 좋은 점은 이 독후 활동이 독서를 더 즐겁고 재미있게 만들어준다는 점입니다. 엄마, 아빠에게 책 이야기를 해주고 싶어서 더 많이, 열심히 읽게 되니까요. 부모님이 잘 들어주면 신바람이 나서 거의 매일이다시피 책 이야기를 해줄지도 모릅니다.

독후 활동의 효과는 전적으로 자발성에 달려있습니다. 스스로 하면 폭발적인 효과를, 시켜서 하면 심각한 부작용을 떠안게 되지요. 아이가 책 띠지를 만들거나 책 그림을 그리면 호들갑스레 반응해 주세요. 아이가 먼저 책 이야기를 하려고 하면 모두 내려놓고 진심으로 들어주세요.

이 천금 같은 기회를 놓치지 않는 것이 부작용 없는 최고의 독후 활동을 가능하게 합니다.

> "
> 자발적이지 않은 독후 활동은
> 아이의 독서 생활을 위협합니다.
> "

30.
독서록, 독후감 쓰기를
어려워해요

독후감 쓰기를 지도할 때 제가 아이들에게 당부하는 말은 딱 한 가지입니다.

"줄거리 쓰지 마."

이런 제한을 두는 이유는 대부분 아이가 줄거리를 줄줄 쓴 후 간단한 감상 몇 줄을 덧붙이는 것을 독후감이라고 생각하기 때문입니다.

독서록은 내가 읽은 책에 대해 기록하는 게 맞습니다. 가장 인상적이었던 내용과 간단한 감상평, 기억하고 싶은 문구 등을 쓰면 되죠. 하지만 독후감은 다릅니다. 독후감은 말 그대로 책을 읽고 느낀 점을 쓰는 것이니까요. 중요한 것은 '책의 내용'이 아니라 '책을 읽은 나'입니다.

문제는 "느낀 점을 써보렴"이라고 말했을 때 아이들의 반응은 대부분 "그냥 재미있었어요", "주인공을 본받아야겠다고 생각했어요", "슬펐어요" 정도에 그친다는 점입니다. 그리고 이렇게 덧붙이죠.

"그걸로 어떻게 400자, 500자를 써요?"

아이들이 이렇게 반응하는 이유는 느낀 점에 대한 고정관념 때문입니다. 느낀 점을 쓰라고 하면 '이런 걸 느꼈다', '저런 걸 느꼈다'라는 식으로 써야 한다고 생각하기 쉽거든요. 이 고정관념만 내려놔도 800자, 1,000자 아니 그 이상도 쓸 수 있습니다. 어떻게 하면 되냐고요?

그냥 아이와 10분쯤 대화를 하면 됩니다.

기본 요령은 간단하게 대답할 수 있는 쉬운 질문부터 시작하는 겁니다.

"책 어땠어?"

보통 아이들은 재미있었다, 그저 그랬다, 재미없었다 중 하나를 답합니다. 기왕이면 재미있게 읽은 책이 좋지만 그렇지 않았더라도 독후감을 쓰는 데는 별 지장이 없습니다. 예를 들어 아이가 《내 이름은 삐삐 롱스타킹》을 재미없게 읽었다고 해보겠습니다.

"어떤 책이길래? 특별히 마음에 안 드는 점이라도 있었니?"

"삐삐라는 해적 딸 이야기인데, 걔가 혼자 살거든. 어떻게 어린 애가 혼자 살아? 그리고 어른들보다 돈도 많고, 힘도 더 세. 한 손으로 역기를 번쩍 든다니까. 너무 황당해서 재미없었어."

재미있으면 재미있는 대로, 재미없으면 재미없는 대로 그 이유를 생각해 보게 만드는 게 기본입니다.

"이상하네. 너 슈퍼히어로는 황당해도 좋아하잖아. 삐삐도 비슷한데 왜 싫었을까?"

이야기가 거듭될수록 질문과 답변이 점점 더 구체적으로 구축됩니다. 문답을 거듭하는 것 자체가 깊은 사고의 과정인 셈입니다.

"슈퍼히어로는 능력을 얻게 된 이유가 나오잖아. 스파이더맨은 슈퍼 거미한테 물려서 초능력을 얻고, 아이언맨은 로봇 슈트를 만드는 기술이 있고. 그래서 말이 되게 느껴져. 근데 삐삐는 왜 이런 능력이 생겼는지 알 수가 없어. 그리고 얘는 세상을 구하지도 않는다고."

이렇게 몇 번의 문답만으로도 근사한 글감을 얻을 수 있습니다. 아이가 말한 것을 그대로 쓰고 '삐삐는 왜 재미없을까?' 같은 제목을 붙이면 되지요.

물론 이것은 한 가지 예일 뿐 다양한 방향으로 책 대화를 할 수 있습니다. 삐삐의 괴상한 패션이나 어른들을 골탕 먹이는 삐삐의

---

*《내 이름은 삐삐 롱스타킹》 아스트리드 린드그렌 글, 잉리드 방 니만 그림, 시공주니어

행동처럼 책의 한 부분만 똑 떼서 이야기를 나눌 수도 있고, '내가 만약 삐삐라면?' 하고 상상한 이야기를 할 수도 있고, '말썽꾸러기라는 점에서 오빠랑 비슷해'라고 가족 이야기를 할 수도 있습니다. 책을 읽고 나서 한 생각, 느낌이면 그게 무엇이든 독후감의 소재, 주제가 될 수 있는 거죠. 그러면 '나는 오늘 《내 이름은 삐삐 롱스타킹》을 읽었다'라는 뻔한 말이 아니라 '이게 어떻게 된 일이지. 아침에 눈을 떴더니 내가 뒤죽박죽 별장에 있었다', '우당탕탕. 맙소사. 오빠가 또 집 안에서 공놀이를 한다'라는 문장으로 시작하는 개성 넘치는 독후감을 쓸 수 있습니다. 책을 읽은 느낌을 상상이나, 나와 내 주위의 사람을 통해 표현하는 겁니다.

'책 내용을 쓴 후 느낀 점을 적는다'는 독후감의 한 형식일 뿐 본질은 아닙니다. 그런 표피적인 형식을 잊고 책을 읽고 아이가 느낀 점 자체에 집중할 수 있도록 이끌어주세요. 그것이 아이만의 개성이 살아 숨 쉬는 진짜 독후감을 만나는 방법, 아이의 창의성을 자극하는 방법입니다. 본질을 더 잘 표현하기 위해 형식을 넘어서는 것이 바로 창의성의 기본 전제니까요.

"
독후감의 주인공은 '책을 읽은 나'입니다.
"

독서록, 독후감 숙제 지도하는 법

독서록, 독후감 숙제 지도의 핵심은 아이의 독서에 부담이 되지 않도록 만들어주는 것입니다. '독서록, 독후감을 잘 쓰게 하겠다'가 아니라 '가능한 한 간단하게 쓰게 하겠다'가 목표여야 한다는 거죠. 담임 선생님의 기준에 어긋나지 않는 선에서 가능한 한 짧은 분량을 쓸 수 있도록 해주되, 해당 글쓰기에 합당한 글감을 찾을 수 있도록 지도하면 됩니다.

독서록 쓰게 하는 법

독서록은 '내가 읽은 책'에 대해 쓰는 글입니다. 책에서 가장 인상 깊었던 부분이나 구절, 책의 핵심 내용을 간략히 쓰면 되지요.
"뭘 써야 할지 모르겠어요."
아이가 글감을 못 찾을 때는 그 책이 무슨 내용인지, 가장 인상 깊었던 점이 무엇인지 물어보세요. 아이가 들려준 이야기를 정리해서 쓰게 하면 됩니다.

독후감 쓰게 하는 법

독후감은 '책을 읽고 내가 느낀 것', 즉 책의 내용이 아니라 '책을 읽은 나'가 핵심입니다. 책을 읽으면서 든 생각, 책을 읽다 떠오른 개인적인 기억 등 자기 자신에 집중해서 글감을 찾으면 됩니다. 아이가 무슨 내용을 써야 할지 난감해할 때는 자유롭게 대화를 나눠보세요. 이야기하는 과정에서 아이 스스로 글감을 찾을 수 있습니다.

31.
일기에
쓸 내용이 없다고 해요

"우리 애는 일기 쓰라고 하면 세 줄을 못 써요."

"이 닦고 아침 먹고 학교 가고……. 아침부터 저녁까지 있었던 일을 그냥 죽 쓴다니까요. 일기가 맨날 똑같아요."

초등 저학년 부모님들이 논술 학원에 와서 가장 많이 털어놓는 고민입니다.

이 문제를 해결하는 것은 의외로 그리 어렵지 않습니다. 문장을 잘 쓰고 못 쓰고를 떠나 한 장 가득 나름 그럴듯한 내용으로 채울 수 있는 데는 수업 한 번이면 족합니다. 논술 학원 강사가 무슨 대단한 재주가 있어서 그런 건 아닙니다. 요령만 알면 집에서 부모님도 얼마든지 지도할 수 있습니다.

아이들이 글쓰기를 어려워하는 가장 큰 이유는 뭘 써야 할지 모르기 때문입니다. 일기도 마찬가지입니다. 그날 일기로 쓸 만한 특별한 일이 없다는 게 항상 문제거든요. 1년 365일 중에 특별한 일이 있는 날이 얼마나 되겠습니까. 그래서 아이들이 가장 많이 하는 말이 "쓸 게 없어요"이고, 부모로서는 뾰족한 대안이 떠오르지 않으니, 논술 학원을 찾게 되는 거죠.

그날 있었던 일을 쓰는 것은 '일지'입니다. 일기는 하루에 한 번 한 가지 주제를 놓고 깊이 생각해 그 생각을 쓰는 것이고요. 그날 특별한 일이 있었다면 그 일에 대해 생각해서 쓰면 되지만 글감이 없다면 하루는 내 동생에 대해, 또 하루는 게임에 대해 생각하고 쓰는 식으로 하면 됩니다. 그 과정에서 아이는 자기 자신에 대해, 자기 주변에 대해 깊이 생각하고 이해할 기회를 가집니다. 학교 선생님이 내주는 주제 일기가 바로 일기의 이런 특성을 반영한 양식이지요. 다만 그 주제가 아이의 내면에서 나온 것이 아니기 때문에 글감이 원활하게 떠오르지 않는 것뿐입니다.

부모가 해줄 일은 아이가 자기 내면에서 나온 주제를 찾을 수 있도록 질문을 던지는 겁니다. 기본 요령은 감정에 관해 묻되, '가장' 혹은 '제일'이라는 수식어를 붙이는 거죠.

"네 인생에서 가장 부끄러웠던 때가 언제야?"

"요즘 제일 큰 고민은?"

이렇게요.

긍정적인 감정, 부정적인 감정

이때 부정적인 감정과 긍정적인 감정 중 어느 쪽을 묻는 게 일기 쓰기에 더 도움이 될까요? 아이가 아직 어리니 긍정적 감정이 더 좋을 것으로 생각하기 쉽지만, 부정적인 감정이 훨씬 좋은 글감입니다.

기본적으로 글은 어떤 문제를 다루는 일입니다. 이야기책의 주인공이 아무 문제 없이 마냥 행복한 상황이라고 생각해 보세요. 모든 것이 만족스럽고 평화로우면 이야기가 성립되기 힘듭니다. 섬에 고립되거나, 반장이 되고 싶거나, 학대를 당하거나, 친구 사이에 오해가 생기거나 아무튼 뭔가 문제가 있어야 하죠. 지식도서도 지식을 다루지만, 그 이면에는 문제의식이 깔려있습니다. 대기 운동을 설명하는 글 뒤에 환경 문제의 심각함이 깔려있고, 로봇 공학을 다루는 글 뒤에 4차 산업 혁명에 대한 경고가 도사리고 있는 것처럼요. 논문조차도 학계에서 풀지 못한 문제를 다루는 일이죠.

일기도 마찬가지입니다. 긍정적인 감정은 문제적 지점이 희박해서 생각을 전개할 여지가 적습니다. 절박함은 더 없어서 '참 좋았다', '참 재미있었다'로 쉽게 끝맺음 되기 마련이죠. 반면 부정적 감정은 훨씬 격렬하고 문제적입니다. 예를 들어 동생이 내 크레파스를 다 부러뜨려 화가 난 아이가 사고뭉치 동생에 대해 일기를 쓴다고 해봅시다. 동생이 저질렀던 '만행'만 열거해도 엄청나게 많은 글감이 쏟아져 나올 겁니다. 이 과정에서 아이는 그동안 억눌렀던 감정을 쏟아내 어느 정도 울분을 해소할 수 있습니다. 그리고 자신이 동생을 왜 싫어하는지도 객관적으로 이해할 수 있게 되고요. 일기 쓰기가 단순한 숙제가 아니라 내 감정을 들여다보고 이해하는 진짜 일기가 되는 거죠.

이야기 끌어내기

아이는 아직 글쓰기를 능숙하게 하지 못합니다. 당연히 부정적인 질문을 던져준다고 해서 곧바로 술술 써낼 수는 없습니다. 우선 글감을 정리할 수 있는 시간을 가져야 합니다. 예를 들어 아이가 '가장 부끄러웠던 순간'에 대해 쓰고 싶어 한다면 그때의 이야기를 할 수 있도록 끌어내 주면 됩니다.

"좀 자세히 이야기해 줘. 궁금해."

"그게 1학년 땐데 내가 학교 끝나고 집에 오고 있었거든. 근데 중간에 오줌이 너무 마려운 거야."

아이가 빠트리는 빈 부분이 있으면 중간중간 질문을 합니다.

"어디쯤 왔을 땐데?"

"왜 거기, 집 오는 큰길가 있잖아. 아파트 담벼락 길. 거기 길이 엄청 길잖아. 오줌이 너무 마려워서 도저히 못 참겠는 거지."

"이런. 거기만 지나면 상가 화장실 있는데."

"그러니까. 근데 거기까지 갔다가는 싸겠더라고."

"세상에. 조금만 더 가면 되는데! 정말 미치도록 급했구나."

"시한폭탄, 시한폭탄!"

좋은 청중이 좋은 이야기꾼을 만드는 법입니다. 아이가 이야기를 더 재미있게 할 수 있도록 중간중간 추임새를 넣으면서 적극적으로 호응해 주세요. 그러면 아이는 더 신나게 이야기를 들려줄 테니까요. 이야기가 끝나면 이렇게 반응해 주면 됩니다.

"와. 진짜 재밌다. 네가 이야기한 거 그대로 쓰면 엄청 재밌는 글이 되겠는걸. 너무 기대돼. 부탁 하나 해도 돼?"

"뭐?"

"'시한폭탄'이란 말 꼭 넣어줘."

"알았어. 히히."

물론 이렇게 이야기해도 이야기한 내용 그대로 못 쓸 때도 많습니다. 말은 쉽게 할 수 있지만 글쓰기는 손이 아픈, 나름 힘든 일이니까요. 말한 것보다 훨씬 간략하게 쓸 때가 많죠. 그래도 괜찮습니다. 연필로 쓰지 않았을 뿐 아이는 이미 말로 멋진 글 한 편을 썼으니까요. 자기 생각을 정리해 조리 있게 말할 수 있는 아이는 그만큼 글도 잘 쓸 수 있습니다. 지금 당장 그 실력을 발휘하지 않았을 뿐이죠.

> "일기 쓰기는 하루에 한 번,
> 한 가지 주제를 깊이 생각하는 일입니다."

일기 쓰기 지도법

일기를 쓸 때 아이들이 가장 많이 하는 말은 '쓸 게 없어요'입니다. 매일 매일 새로운 일이 생기는 것은 아니니까요. 그럴 때는 아이에게 이렇게 말해주세요. "꼭 그날 있었던 일만 써야 하는 건 아니야. 한 가지 주제를 정해 그것에 대해 쓰면 돼."

그리고 몇 가지 흥미로운 제안을 해보는 겁니다. '지금 가장 싫은 사람'이나 '부끄러웠거나 무서웠던 기억', '내 인생에 가장 큰 사건' 등을 물어보는 거지요. 아이가 신나서 이야기를 들려주는 주제가 있다면 바로 그 주제가 오늘의 일기 주제입니다.

32.
초등 저학년도
반복독서와 필사가 효과적일까요?

반복독서와 초록, 필사는 강도 높은 독서 방법입니다. 제대로 하면 강력한 독서 효과가 발생해서 엄청난 독서 능력을 갖추게 되지만, 잘못하면 독서 자체를 싫어하는 아이가 될 위험이 매우 큽니다.《공부머리 독서법》에서 초등학생에게 절대 시키면 안 되고, 청소년이라 하더라도 아이 스스로 그 필요성을 느끼고 자발적으로 하지 않

---

*《공부머리 독서법》 302쪽, <부작용을 방지하는 몇 가지 조언>

는다면 득보다 실이 훨씬 큰 독서법이라고 말씀드린 것도 바로 이런 점 때문입니다.

"책을 베껴 쓰면 똑똑해질 수 있대. 오늘부터 해보지 않을래?"

"오늘부터 같은 책을 세 번씩 읽어보자."

주의해야 할 것은 부모님이 이렇게 구슬리면 선뜻 따라나서는 아이도 있다는 점입니다. 시키면 시키는 대로 필사도 하고 반복독서도 하면 큰 무리가 아닌 것 같고, 모든 게 순조롭게 느껴집니다. 하지만 실제로는 반복독서를 한다고 책을 들고 있어도 제대로 읽어낼 수 없을 가능성이 큽니다. 반복독서의 효과는 기꺼이 한 문장 한 문장 다시 읽으면서 놓쳤던 요소를 발견하고 생각을 전개할 때 발생합니다. 그러려면 한 문장 한 단어도 놓치기 싫을 만큼, 속속들이 다 알고 싶을 만큼 마음에는 드는 책을 만나야만 합니다. 그게 아니라면 반복독서는 독서가 아니라 고문이 됩니다.

필사도 마찬가지입니다. 작가가 쓴 문장을 꾹꾹 눌러쓰며 '왜 사람이라고 쓰지 않고 인간이라고 썼을까?', '말줄임표에 들어갈 말은 뭐지?', '왜 굳이 이 에피소드로 이야기를 시작했을까?' 질문을 던지고 스스로 답을 고민해야만 합니다. 기본적으로 초등학생이 할 수 있는 일도 아니고, 누가 시켜서 할 수 있는 일은 더더욱 아닙니다. 강제적인 반복독서와 필사는 아이의 마음속에 책에 대한 혐오만을 쌓게 할 뿐입니다.

아이든, 어른이든 반복독서를 할 수 있는 방법은 다시 읽고 싶을 만큼 좋아하는 책을 만나는 것뿐입니다. 《해리 포터》를 너무 좋아해서 열 번을 읽었다는 아이, 조운이 조조의 수십만 대군을 가르고 유비의 아들을 구출하는 장면이 너무 재밌어서《삼국지》를 밤마다 읽었다는 아이처럼요.

"도대체 몇 번을 읽어줬는지 기억도 안 난다. 앞으로 이 책은 금지야."

"넌 왜 그런 쓸데없는 책을 두 번 세 번 읽니?"

부모가 해야 할 일은 반복독서와 필사를 시키는 것이 아니라 아이가 정말 좋아하는 책을 만났을 때, 그래서 기꺼이 거듭해서 읽으려고 할 때 아이의 앞을 가로막지 않는 것입니다.

> "반복독서와 필사는 강제로 시킬 수 없습니다."

33.
초등 저학년은
왜 슬로리딩을 하면 안 되나요?

<공부머리 독서법 네이버 카페>에서는 방학 때마다 '방학 슬로리딩'이라는 비영리 독서 프로그램을 진행합니다. 이 프로그램은 최저 연령 제한이 있어서 초등 1, 2학년은 참가할 수 없습니다.

    슬로리딩은 책 한 권을 잘게 쪼개 세세하게 읽는 독서법입니다. 일본 나다 학교의 국어 교사였던 하시모토 다케시 선생이 《은수저》

---

*《은수저》 나카 칸스케 글, 작은씨앗

라는 소설 한 편으로 중등 3년간의 국어 수업을 진행한 것이 그 시초였습니다. 이 수업 하나로 지방 소도시의 작은 학교였던 나다 학교는 일본 최고의 명문 학교가 되었지요. 슬로리딩은 어떻게 이런 위력을 발휘하는 걸까요? 이렇게 위력적인 독서법인데 초등 저학년은 왜 하면 안 되는 걸까요?

지금부터 그 이유를 간략하게 살펴보도록 하겠습니다.

시계 수리공의 독서법

보통의 독서 수업은 책 한 권을 읽고, 그 읽은 내용을 바탕으로 진행합니다. 당연히 주 논의 대상은 책의 전체 맥락입니다. 세세한 부분을 짚는다 해도 마찬가지입니다. 수많은 장면 중 그 부분을 짚는 이유는 전체 맥락을 파악하는 데 그만큼 중요한 장면이기 때문입니다. 책 한 권 전체를 조망하고 들여다보는 수업인 셈이지요.

그런데 슬로리딩은 책 한 권이 아니라 지극히 작은 부분, 일테면 다섯 페이지만 읽고 진행하는 식으로 수업합니다. 다섯 페이지로 한 시간 수업을 하려면 어쩔 수 없이 책의 요소요소를 나노 단위로 분해할 수밖에 없습니다. '왜 하필 이 문장으로 시작했을까?', '왜 검은색 상자일까?', '주인공이 구타당하는 장소가 왜 애완동물 묘지일까?', '왜 인간이라고 안 쓰고 사람이라고 썼을까?'** 처럼 아주 세세한 것을 들여다보지 않고서는 한 시간을 채울 방법이 없으

** 《방관자》 제임스 프렐러 글, 미래인

니까요. 전체 맥락이 아니라 아주 세밀한 부분이 논의의 대상이 되는 거죠.

이렇게 책의 일부분을 세세히 들여다보는 경험은 독자를 충격에 빠트립니다. 그냥 읽을 때는 별 의미 없어 보였던 사소한 요소들에 반드시 그럴 수밖에 없는 이유가 있다는 것을 알게 되니까요. 책의 첫 문장은 그 문장일 수밖에 없고, 그 상자의 색깔은 검은색일 수밖에 없고, 주인공은 다른 어떤 곳도 아닌 애완동물 묘지에서 구타를 당해야만 한다는 것을 깨닫게 되는 겁니다.

이런 경험은 독서를 완전히 다른 차원으로 끌어올립니다. 글로 적혀있는 것보다 더 많은 메시지가 글 속에 감춰져 있다는 사실을 알게 되고, 그 메시지를 읽어내는 법을 터득하게 되니까요. 아무리 책을 많이 읽어도 머물러 사색하지 않으면 그 존재 자체를 알 수 없는, 진짜 독서의 세계에 발을 들이게 되는 것이지요.

이렇게 다섯 페이지씩 읽어서 책 한 권을 끝까지 읽어내는 것은 책이라는 시계 하나를 완전히 분해 조립해 보는 것과 같습니다. 작은 톱니바퀴 하나하나가 어떻게 맞물려서 작동하는지 세세히 들여다보는 경험을 하게 되는 겁니다. 시계 하나를 완전히 분해 조립해 본 사람은 다른 시계를 봤을 때도 당연하다는 듯 그 안을 들여다보게 됩니다. 같은 책 한 권을 읽어도 전혀 다른 깊이의 사고 경험을 하게 되고, 그러한 사고 경험이 폭발적인 독서 효과를 만들어내지요. 또 겉으로 보기에 난해하고 복잡한 책도 어렵지 않게 그 진의를 파악해 낼 수 있게 됩니다. 세세하게 들여다보는 경험을 통해 상징과 플롯을 읽어내는 방법, 글로 적혀있지 않은 메시지를 읽어내는 독법을 갖게 되니까요.

슬로리딩의 핵심은 책의 요소요소를 세밀하게 들여다보는 것, 글로 적혀있지 않은 이면을 읽어내는 것에 있습니다. 그런데 초등 저학년은 아직 외면과 내면을 분리해서 사고할 수 없는 시기입니다. 외면과 내면을 직관적으로 통합하는 동심이 강하게 작동할 때이니까요. 이런 아이에게 책 한 권을 인위적으로 쪼개 읽게 하면 독서 능력을 끌어올리기는커녕 스트레스만 줄 뿐입니다.

'한 학기 한 권 읽기'나 <공부머리 독서법 네이버 카페> 방학 슬로리딩의 대상이 초등 3학년 이상인 이유는 적어도 초등 3학년은 되어야 시도라도 해볼 수 있기 때문입니다. 사실 초등 3, 4학년도 힘들어하는 경우가 많습니다. 느슨한 방식으로 슬로리딩을 진행하는 데도 그렇습니다. 그러니 초등 1, 2학년은 말할 필요도 없겠지요.

" 초등 1, 2학년은 그저 재미있게 읽을 때입니다. "

34.
스마트 기기로
책을 읽어도 되나요?

디지털 기술을 활용한 동화 콘텐츠가 꽤 많습니다. 동화 구연 영상부터 동화의 그림을 그대로 가져온 애니메이션, 쌍방향 커뮤니케이션 기술을 활용한 콘텐츠까지 종류도 다양하지요. 그런데 이런 디지털 콘텐츠 대부분은 동화를 소재로 했을 뿐 책과는 전혀 다른 매체입니다. 글을 읽고 이해하는 방식이 아니라 대부분 영상을 시청하거나 음원을 청취하는 방식이니까요. 제아무리 책의 내용을 그대로 옮겼다 하더라도 소설 원작 영화를 본 것이 독서가 될 수 없듯 이런 콘텐츠를 감상한 것이 독서 효과를 줄 수는 없습니다. 디지털 콘텐츠 중 독서로 볼 수 있는 것은 종이책을 활자 그대로 옮겨놓은 이북 형태의 콘텐츠 정도입니다.

이북으로 책을 읽으면 집중력이 떨어진다는 견해도 있지만 성인 독서의 관점에서 보면 이북 독서는 종이책 독서와 다른 점이 없습니다. 글을 읽고 이해하는 과정에 충실할 수만 있다면 어느 쪽이든 상관없는 거죠.

하지만 이북이라 하더라도 스마트 기기 독서에는 분명한 위험이 있습니다. 손가락만 까딱하면 게임이나 유튜브, 메신저를 열 수 있기 때문입니다. 아이가 아직 어리니 지금 당장은 독서 외에 딴짓을 못 하도록 통제할 수 있을지도 모릅니다. 하지만 초등 고학년, 청소년까지 제지하기는 힘듭니다. 도서관만 가면 온전히 독서에 집중할 수 있는 종이책을 손쉽게 구할 수 있는데 굳이 스마트 기기를 쥐여주어 독서를 방해하는 위험을 자초할 이유가 없습니다.

시대에 뒤처진다?

스마트 기기로 책을 읽히고 싶은 부모님의 마음도 물론 이해합니다. 다양한 독서 플랫폼의 등장, 디지털 교과서 도입 등 독서 환경 자체가 디지털 기반으로 바뀌고 있으니까요. 또 유튜브 크리에이터, 앱 개발자처럼 디지털 시대에 새로이 각광받는 직업이 속속 등장하는 상황에서 무턱대고 스마트 기기를 멀리하는 게 옳은가, 우리 아이만 시대에 뒤처지는 게 아닐까 하는 의구심이 들 수도 있습니다. 그런데 이런 문제의식은 디지털 시대에 맞지 않는 측면이 있습니다. 디지털 문화는 기술 장벽이 사라지는 방향으로 발전하기 때문입니다.

얼핏 생각하면 스마트 기기로 책을 읽어본 아이가 그렇지 않은 아이보다 디지털 교과서에 더 잘 적응할 것만 같습니다. 만약 디지털 교과서를 사용하는데 특정한 지식이나 기술이 필요하다면 당연히 그럴 겁니다. 프로그래밍 언어를 알아야 컴퓨터를 쓸 수 있었던 시대에는 프로그래밍 언어를 따로 공부한 사람이 우위에 설 수 있었던 것처럼요. 그런데 디지털 교과서는 그렇게 공들여 배워야 할 사용법이 따로 없습니다. 혼자서 몇 분만 조작해 보면 세세한 사용법까지 싹 다 파악할 수 있을 정도로 쉽고 간편하지요. 디지털 기술의 주요 특징 중 하나가 누구나 쉽게 사용할 수 있는 직관적인 간편함이니까요.

물론 프로그램 개발이나 유튜브 콘텐츠 제작처럼 특정 지식과 기술이 필요한 분야도 있습니다. 하지만 지금 이런 지식과 기술을 익히는 것은 시대에 뒤처지느냐, 아니냐와 큰 상관이 없습니다. 새로운 기술이 개발되면 콘텐츠의 제작과 편집 방식, 프로그램을 만들어내는 방법은 바뀔 수밖에 없기 때문입니다. 지금 앱이나 유튜브 영상을 만드는 데 필요한 지식은 새로운 기술이 나오기 전까지만 유효한 셈입니다.

반면 창의력, 기획력, 스토리텔링 능력의 중요성은 어떤 놀라운 기술이 나와도 변하지 않습니다. 기술이 쉬워지는 만큼 오히려 중요성이 더 커지겠지요. 창의력, 기획력, 스토리텔링 능력은 인간의 가장 본질적인 능력, 생각하는 힘에서 나옵니다. 생각하는 힘은 책을 읽고 사색하는 행위를 통해서만 향상할 수 있고요. 이것이 빌 게이츠가 자녀의 스마트 기기 사용을 통제하는 이유이며 디지털 기기 사용을 철저히 금지하는 월도프 학교가 실리콘밸리 최고의 명문 학교인 이유입니다. 시대에 뒤처지느냐, 앞서 나가느냐는 디지털 기기를 다룬 경험이 아니라 생각하는 힘으로 좌우되기 때문입니다.

> "스마트 기기보다는 종이책으로 읽게 해주세요."

35.
영어책 읽기도 문해력을 끌어올려 주나요?

영어책 읽기와 한글책 읽기를 병행하는 것은 생각보다 어려운 일입니다.

영어책 읽기만으로 영어 공부를 하는 아이는 거의 없습니다. 영어 수업, 영어 공부 시간이 따로 있는 상태에서 추가로 영어책 읽기를 하는 게 보통이지요. 이렇게 영어 공부에 투입되는 절대 시간이 많아지면 상대적으로 한글책 독서를 할 여유를 갖기가 어려워집니다.

아이의 심리적 피로감도 문제입니다. 영어책과 한글책을 모두 읽게 되면 아이는 하루에 두 번 독서하는 셈이 됩니다. 한글책을 먼저 읽으면 영어책을 읽기 싫어지고, 영어책을 먼저 읽으면 한글책을 읽기 싫어지기 십상이죠. 물리적 시간 부족과 심리적 피로감이라는 이중고를 겪게 되는 겁니다.

'영어책 읽기도 독서니까 한글책 읽기와 같은 효과가 있지 않을까?'

자연히 이런 생각을 하게 되지요. 만약 이게 사실이라면 더 이상 이중고에 시달릴 필요가 없습니다. 영어책 읽기만으로 영어 실력과 문해력이라는 두 마리 토끼를 잡을 수 있으니까요.

상식적으로 타당한 짐작이다 보니 평소에는 영어책 독서를 시키고, 학교 독서 숙제 정도만 한글책을 읽게 하는 식으로 지도하는 부모님도 많습니다. 그리고 이렇게 지도한 부모님들이 많이 하는 질문이 있습니다.

"아이가 영어책만 읽어요. 한글책도 읽으라고 했더니 재미가 없대요. 왜 그런 걸까요?"

"영어책은 자기 학년에 맞는 책을 읽는데 한글책은 동생들 보는 책만 읽어요."

영어책을 꾸준히 읽은 아이 중 상당수가 한글책을 싫어하고 잘 읽지 못하더라는 거죠.

영어책 편독 현상

틀림없는 독서지만 문해력 향상 효과가 매우 미미한 활동이 있습니다. 대표적으로 한글을 막 배운 초등 1학년의 스스로 읽기를 들 수 있지요. 초등 1학년의 스스로 읽기는 글을 읽고 이해하는 활동이 아니라 표음문자의 소리를 읽어내는 훈련에 가깝습니다. 'ㅇ'에 'ㅏ'를 더 해 '아' 하는 식으로 표음문자를 조립하는 데 집중하게 되니까요. 자연히 책 한 권을 다 읽어도 내용의 많은 부분을 놓치기 십상입니다. 독서 효과도 마찬가지여서 글자를 읽는 실력이 늘 뿐 글을 읽고 이해할 때 발생하는 문해력 향상 효과는 미미하지요.

영어책 독서를 할 때도 비슷한 현상이 일어납니다. 영어책 독서를 하는 동안 아이는 글의 내용에 집중하는 게 아니라 영어의 소리를 읽는 것, 문장을 해석하는 것에 집중할 수밖에 없습니다. 원어민처럼 자유자재로 구사할 정도의 뛰어난 영어 실력을 갖추지 않은 한 영어책 읽기는 파닉스 훈련, 영어 해석 연습일 수밖에 없는 겁니다. 영어 실력은 빠르게 늘지만 문해력 향상 효과는 제한적입니다.

이것이 영어책 편독을 오래 한 아이가 한글책 독서를 싫어하게 되는 원리입니다. 영어책 편독을 하는 동안 아이의 문해력은 제자리걸음을 합니다. 문해력이 낮아 한글책을 읽고 이해하는 것이 어려워지니 한글책 독서를 거부하거나, 읽더라도 연령대에 비해 한참 낮은 책을 찾게 됩니다. 영어책을 좋아하고 잘 읽는 것도 마찬가지입니다. 영어책 편독을 하면 아이는 뛰어난 영어 실력을 갖추게 됩니다. 그 덕분에 영어책을 읽을 때는 원활하게 읽고 해석할 수 있습니다. 원활하게 읽고 해석할 수 있으니 영어책 읽기를 더 편안하게 느낍니다. 읽고 이해하는 재미로 읽는 게 아니라 문장을 해석하는 재미로 읽는 거지요. 여기에 어른들의 칭찬도 덤으로 받을 수 있습니다. 그러니 같은 수준의 한글책은 못 읽고 싫어해도 영어책은 좋아하고 잘 읽게 되는 겁니다.

영어책 읽기는 효과적인 영어 학습 방법입니다. 하지만 효과적인 독서 방법은 아닙니다. 우리나라에서 교육을 계속할 거라면 영어책 읽기를 하더라도 한글책도 꼭 읽어야 합니다. 수학 공부를 하더라도 독서는 따로 해야 하는 것과 같은 이치입니다.

> "
> 영어를 원어민처럼 구사할 수 없는 아이에게
> 영어책 읽기는 독서가 아닌 영어 학습 방법입니다.
> "

36.
'리터니'의 독서 지도는
어떻게 해야 하나요?

영어책 읽기를 많이 한 아이와 비슷한 이유로 한글책 독서를 어려워하는 아이들이 있습니다. 해외에 장기간 체류한 아이, 흔히 '리터니returnee'라고 불리는 아이들입니다. 초등 저학년 리터니와 고학년 리터니는 다른 양상을 보이는데, 여기서는 한글 독서를 어려워하는 초등 저학년 리터니의 경우를 살펴보겠습니다.

아주 어린 시절 외국에서 장기 체류를 한 아이 중에는 외국어를 주 언어(생각할 때 주로 쓰는 언어)로 사용하는 경우가 종종 있습니다. 영어보다 한국어를 조금 더 일찍 익혔다 하더라도 주변 환경과 아이의 특성에 따라 외국어를 주 언어로 삼게 될 가능성도 얼마든지 있습니다. 한국어와 외국어 둘 다 능숙한데, 외국어를 더 편하게 여기는 겁니다. 책을 읽을 때도 당연히 외국어책 읽기를 더 쉽고 편하게 느끼지요. 문해력이 낮아서 한글책을 싫어하는 게 아니라 한글책 읽기가 불편해서 외국어책을 더 좋아하는 것입니다.

이렇게 주 언어를 외국어로 삼은 아이가 한국에 돌아와 겪는 어려움은 안드로이드 기반의 스마트폰을 쓰던 사람이 아이폰을 쓰게 됐을 때 겪는 낯섦, 불편함과 비슷합니다. 능력 자체에 문제가 있는 것이 아니다 보니 시간이 지나면 자연스레 해소될 어려움이지요. 자꾸 쓰다 보면 금세 아이폰에 적응하게 되는 것처럼요. 한국에서 학교 다니고, 한글 교과서로 공부하고, 한국 친구와 사귀다 보면 자연스레 한국어로 모드 전환이 이루어지는 거죠.

이런 아이에게 한글책 독서는 매우 중요한 역할을 합니다. 주 언어를 외국어로 써온 아이는 한국어 어휘의 문화적 요소나 뉘앙스에 취약할 수밖에 없습니다. '소쿠리', '대들보', '참여', '개시' 같은 어휘의 뜻은 물론, '인간'과 '사람', '사랑'과 '애정' 같은 동의어의 뉘앙스 차이가 낯선 겁니다. 이런 부분을 보완하는 데 한글책 독서만큼 쉽고 확실한 방법이 없습니다.

또 다른 초등 저학년 리터니 유형으로는 이중 언어 환경 탓에 한국어 언어 습득이 다소 느려진 경우를 들 수 있습니다. 한국어를 주 언어로 사용하지만, 또래보다 언어 유창성이 조금 떨어지는 거죠. 2개 국어를 동시에 습득하는 과정에서 발생하는 자연스러운 현상으로, 정도의 차이가 있을 뿐 대부분의 초등 저학년 리터니가 겪을 수밖에 없는 일입니다. 만약 아이의 한국어가 또래에 비해 어눌하게 느껴진다면 언어 유창성을 끌어올리는 방향으로 독서 지도를 할 필요가 있습니다. 가장 좋은 방법은 그림책처럼 쉬운 책을 다독하는 것입니다. 아이가 스트레스를 받지 않는 선까지 스스로 읽게 하되, 부족한 분량은 읽어주기로 대체하면 됩니다.

혹시 외국에서 일정 기간 생활할 일이 생기셨나요? 그렇다면 외국에서 지내는 동안에도 한글책을 읽을 수 있도록 지도해 주세요. 하루에 한 번 책을 읽는 것만으로도 언어에 관한 여러 문제를 방지할 수 있습니다.

> "
> 한국에서 계속 생활해야 한다면
> 한글책 독서는 기본입니다.
> "

37.
아이에게 독서 재능이 없는 것 같아 속상해요

"제가 딴건 몰라도 독서만큼은 정말 열심히 챙겼거든요. 어릴 때도 매일매일 책 읽어주고 초등학교에 들어가서도 다른 공부 안 시키고 책만 읽혔어요. 그런데 논술 학원 테스트를 봤더니, 어휘력이며 독해력이며 다 평균 이하로 나오는 거예요. 정말 속상했던 건요, 같이 간 옆집 아이는 다 높게 나왔다는 거예요. 평소에 책도 안 읽고, 게임도 많이 하는 아인데도요. 노력해도 타고난 재능은 못 따라가는 건지……. 정말 허탈하고 속상해요."

초등 저학년 자녀를 둔 부모님 중에 이런 하소연을 하는 분이 있습니다. 독서 지도에 성심을 다했으면 다른 건 몰라도 언어능력은 뛰어나야 하는데 그렇지 못한 결과가 나온 것이지요.

아이의 진짜 언어능력을 판단하는 법

저도 강사 생활을 하면서 이런 경우를 종종 경험했습니다. '다른 학원에서 평가를 받았는데 결과가 이렇게 나왔다' 하는 경우도 있었고, 제가 몸담고 있었던 학원의 테스트 결과가 아이의 독서량에 비해 낮게 나온 사례도 있었지요. 햇병아리 강사 시절에는 '어릴 때는 독서량과 언어능력이 연동이 안 되나?' 짐작하고 말았습니다. 그런데 연차가 쌓이면서 뭔가 이상하다는 생각이 들었습니다. 초등 고학년은 언어능력 평가와 실제 독서 능력이 거의 일치하는데, 초등 저학년은 평가 결과와 실제 독서 능력 사이에 차이가 있는 경우가 꽤 많았기 때문입니다. 언어능력 평가에서 어휘력 점수가 높게 나왔는데 독서와 글쓰기를 할 때 어휘를 잘 몰라서 어려움을 겪는 경우가 있는가 하면 문해력이 낮은 것으로 측정됐는데 책을 곧잘 읽는 아이도 어렵지 않게 볼 수 있었던 겁니다.

초등 고학년 평가지는 문항 수가 많고 지문이 길어서 언어능력을 보다 심도 있게 측정할 수 있습니다. 그럼에도 한 번 테스트하는 것만으로는 아이의 언어능력을 정확하게 알기 어렵습니다. 서술형 문제로 어느 정도 보정을 하지만 객관식 문제의 비율이 높아서 측정 점수에 오차가 발생할 소지가 있기 때문입니다. 특히 문항 수가 적은 어휘력 부분의 오차는 더 크게 나타납니다. 문항이 많고 지문이 긴 고학년 평가지조차 완전히 정확하다고 할 수는 없는 거죠. 하물며 초등 고학년 평가지에 비해 문항 수가 훨씬 적고 지문도 짧은 초등 저학년 평가지는 어떻겠습니까. 오차가 발생할 확률이 더 클 수밖에 없습니다.

그렇다면 초등 저학년 아이의 언어능력을 알 수 있는 방법은 없는 걸까요? 당연히 있습니다. 읽은 책의 내용을 말하게 하거나 독서 퀴즈를 내서 핵심 맥락을 얼마나 잘 파악했는지 알아보면 됩니다. 핵심 맥락을 파악한 정도가 바로 그 아이의 언어능력인 거죠.*

타고난 독서 재능이 있을까?

초등 저학년 언어능력 평가의 부정확성 문제와 별개로 독서량과 언어능력은 반드시 일치하는 걸까요? 그렇기도 하고 그렇지 않기도 합니다. 한 아이만 놓고 보면 언어능력은 독서량과 정비례합니다. 독서 수업을 하면서 주기적으로 언어능력 평가를 해보면 모든 아이가 예외 없이 책을 읽으면 읽을수록 언어능력이 향상되니까요. 독서량과 언어능력이 정확하게 정비례하는 거죠.

그런데 두 아이를 비교하면 이야기가 달라질 수 있습니다. 독서량이 많은 A가 독서량이 적은 B보다 반드시 언어능력이 높은 것은 아니기 때문입니다. 이 개인차는 생각보다 커서 책을 한 권도 읽지

---

* <2부 13장 자기 연령대보다 수준 높은 책을 읽으려고 해요> 참고

않은 B가 1년 내내 매일 한 권씩 읽은 A보다 언어능력이 높을 수도 있습니다.

이런 현상이 일어나는 이유는 무엇일까요?

언어능력은 그 특성상 독서를 통해서도 끌어올릴 수 있지만, 논리적인 생각을 통해서도 높일 수 있기 때문입니다. 호기심이 많고 골똘히 생각하는 버릇이 있는 아이, 평소 사고 패턴이 논리적인 아이가 독서량에 비해 높은 언어능력을 보이는 거지요.

보통은 그 차이가 크지 않지만 아주 드물게 탁월한 수준을 보이는 아이도 있습니다(정말 아주 드뭅니다). 책을 좋아하는 아이도 지식도서는 어려워하기 마련인데, 이런 아이들은 지식도서를 읽고 한 시간 동안 책 내용을 떠들 정도로 잘 읽습니다. "이 책에 이러저러한 설명이 나오던데 저는 이해가 안 돼요. 설명해 주세요" 하는 식으로 질문도 많고요. 생각의 전개가 그만큼 세세하고 논리적인 거죠.

만약 책을 많이 읽는 아이가 거의 읽지 않은 아이보다 언어능력이 낮다면 그것은 타고난 독서 재능 탓도 아니고, 독서가 소용없어서도 아닙니다. 평소 생각의 양과 질이 달라서 생기는 현상이지요.

조급해할 필요는 없습니다. 앞서 강조했듯 책을 안 읽었는데 언어능력이 높을 정도로 사고 패턴이 좋은 아이는 전교에 한 명 있을까 말까 할 정도로 드뭅니다. 이런 예외적인 케이스는 예외로 놔두고 우리 아이의 취향과 성장 속도에 맞게, 아이가 독서를 즐길 수 있도록 이끌어주면 됩니다.

초등 저학년은 독서의 효과를 논하기에는 아직 너무 어린 나이입니다. 책에 대한 관심, 책을 좋아하는 마음이 아이 미래의 언어능력을 결정합니다.

"
지금은 독서 준비기,
당장의 독서 능력에 큰 의미를 두지 마세요.
"

찾아보기

1부. 영유아

같은 책만 계속 읽어달라고 해요	85
결정적 시기란 무엇인가요?	27
그림부터 보려는 아이 때문에 책 읽어주기가 힘들어요	68
그림으로 책 대화하는 요령	72
그림을 보고 자기 마음대로 이야기를 꾸며서 읽어요	72
글 없는 그림책은 어떻게 읽어줘야 하나요?	58, 61
낡은 가치관이 포함된 동화는 어떻게 읽어줘야 하나요?	100
다둥이 가정은 어떻게 읽어줘야 하나요?	123, 128
답해주기 어려운 질문을 해요	62
독서가가 되려면 어떤 능력을 키워야 하나요?	42
독서가에게 가장 중요한 능력은 무엇인가요?	46
반복독서는 어떤 효과가 있나요?	87
부모도 꼭 책을 읽어야 하나요?	135
부모의 독서 시작하기	135, 141
스마트폰 없이 학교생활을 할 수 있을까요?	111
스마트폰이 없으면 시대 흐름에 뒤처지지 않을까요?	111
스마트폰이 없으면 자존감이 낮아지지 않을까요?	111
스스로 읽기는 언제부터 시켜야 하나요?	132
아이가 슬픈 책, 감동적인 책을 싫어해요	143
아이가 읽을 책을 왜 부모가 골라주면 안 되나요?	42
아이가 직접 고른 책인데, 재미없다고 해요	104
아이가 책 읽어주기를 싫어할 때 점검 포인트	105

어떤 책을 읽어줘야 하나요?	42
어려운 단어가 나와도 질문하지 않아요	67
영상으로 동화를 보여줘도 되나요?	117
영유아 독서 지도 시 주의할 점	30
영유아 독서 체크리스트	84
영유아 스마트폰 지도는 어떻게 해야 하나요?	106
오디오북도 부모가 읽어주는 것과 같은 효과가 있을까요?	112
오디오북은 어떻게 활용하면 좋을까요?	112, 116, 122
오디오북을 들려주는 것은 괜찮은가요?	112
오디오북의 장점은 무엇인가요?	114
원하는 만큼 읽어주기가 힘들어요	38
이 책 봤다 저 책 봤다 해요	75
이야기가 있는 그림책은 어떻게 읽어줘야 하나요?	55, 60
전집 독서에서 주의할 점은 무엇인가요?	100
전집은 어떤 기준으로 골라야 하나요?	100
전집은 어떻게 활용하면 좋을까요?	96
조기교육의 효과가 지속되지 않는 이유는 무엇인가요?	25
책 고르기를 어떻게 북돋워 줄 수 있나요?	48
책 고르기를 어려워 해요	49
책 고르는 능력은 어떻게 길러줄 수 있나요?	53
책 대화는 어떻게 하면 되나요?	66
책 읽어달라는 말을 안 해요	39, 101
책 읽어주기의 목표는 무엇인가요?	19
책 읽어주는 것을 좋아하지 않아요	39, 101
책 읽어주는 시간 운영하는 법	41
책 읽어줄 때 아이가 딴짓을 해요	77, 80
책 읽어줄 시간이 없어요	119, 122
책에 적힌 글자 그대로 읽어줘야 하나요?	60

책을 사랑하는 아이로 기르기 위해 꼭 지켜야 할 원칙은 무엇인가요?	22
책을 얼마나 읽어주어야 하나요?	37
책을 읽어주기 가장 좋은 때는 언제인가요?	38
책을 읽어주면 어떤 효과가 있나요?	31
책을 읽어줬는데 아이가 내용을 기억 못해요	81
책을 읽지 않는 부모가 독서 지도를 하기 어려운 이유	136
책장을 너무 빨리 넘겨요	73
펜 형태의 상호작용형 콘텐츠를 사용하는 것은 괜찮은가요?	116
편독은 어떤 효과가 있나요?	91
편독을 막으면 안 되는 이유	93
한 분야의 책만 읽으려고 해요	90
한글 교육은 언제 시키는 게 좋을까요?	130
한글을 떼고 나서는 혼자서 읽겠다고 해요	101, 133
화보형 지식 그림책은 어떻게 읽어줘야 하나요?	57, 61

2부. 초등 저학년

가장 효과적인 독후 활동은 무엇인가요?	250, 282
가족 독서 시간 규칙 정하기	246
구경만 하는 책이 너무 많아요	228
글책을 잘 읽으면 학습만화를 허용해도 괜찮지 않을까요?	206
다둥이 가정, 독서 지도가 어려워요	262, 265
도서관 가는 걸 싫어해요	173, 177
독서 논술 수업으로 효과를 보는 법	279
독서 논술 학원에 보내지 않으면 글쓰기 실력이 뒤처지지 않을까요?	281
독서 논술 학원은 언제 보내는 게 좋을까요?	277, 281
독서 퀴즈로 독서 상태 확인하는 방법	254

독서 호감도 체크리스트	252
독서량이 많으면 언어능력도 올라가나요?	318
독서록과 독후감은 어떻게 다른가요?	291
독서록은 어떻게 써야 하나요?	287, 291
독후감은 어떻게 써야 하나요?	287, 291
리터니의 독서 지도는 어떻게 해야 하나요?	313
만화책인지 글책인지 헷갈리는 책, 읽어도 되나요?	195
모르는 단어가 나올 때마다 사전을 찾게 해야 하나요?	267
묵독은 어떤 효과가 있나요?	236
문장 끝을 대충 읽어요	239
속독이 나쁜 이유	227
스마트기기로 책을 읽어도 되나요?	305
스스로 읽기 이전인 초등 1학년 독서 지도법	160
스스로 읽기 이전인 초등 2학년 독서 지도법	160
스스로 읽기는 어떻게 훈련시키면 되나요?	160
스스로 읽기를 싫어하는 이유	157
실패하는 방식으로 독서 지도를 하는 이유	149
아이가 영어책만 읽어요	310
아이가 책 고르기를 어려워하는 이유	172
아이가 책 고르기를 힘들어해요	171, 178
아이에게 독서 재능이 없는 것 같아요	316
아이의 독서 상태 확인하는 방법	217, 247, 252
아이의 독서 상태를 점검할 때 주의 사항	255
어떤 책을 읽혀야 하나요?	169
어린이 지식도서 다독가를 지도하는 법	192
어린이 지식도서 도서가의 특징	186
어휘력 관련 도서가 도움이 될까요?	266
어휘력 기르는 방법	267, 269, 272

영어책 읽기도 문해력을 끌어올려 주나요?	309
음독과 묵독 중 어떤 것이 더 효과적인가요?	235
음독은 어떤 효과가 있나요?	236
이북을 읽는 것은 괜찮나요?	306
이야기책만 읽으려고 해요	180
일기 쓰기 지도법	292, 297
일기에 쓸 내용이 없다고 해요	292, 297
읽기 독립은 어떻게 하나요?	165
읽기 자동화란 무엇인가요?	157
읽는 책의 수준은 어떻게 높이나요?	224
자극적인 장르물을 읽게 놔둬도 될까요?	197
자기 연령대보다 수준 높은 책을 읽으려고 해요	215
잠자리 독서 환경 점검하기	258
잠자리에서만 책을 보려고 해요	256
주인공 이름, 책 제목, 고유명사를 기억 못해요	232
지식도서 좋아하는 아이가 발췌독 하는 이유	188
지식도서 좋아하는 아이에게 이야기책 권하는 법	194
지식도서가 이야기책보다 언어능력 향상 효과가 적은 이유	190
지식도서만 읽으려고 해요	185
지식에 대한 호기심 키우는 법	182, 184
진짜 독서가가 학습만화의 영향에서 자유로운 이유	213
책 고르기에 도서관이 가장 좋은 장소인 이유	179
책 대화 시간 가지는 방법	221
책 읽기만 시키는 독서 학원은 보내도 될까요?	281
책 읽는 자세가 나빠요	260
책을 너무 빨리 읽어요	227
책을 많이 읽는데 적게 읽는 아이보다 언어능력이 낮아요	319
책을 읽다 말고 자꾸 다른 책을 읽겠다고 해요	243

책을 읽을 때 글자를 빼먹어요	241
책을 잘 읽었는지 매번 확인하는 게 좋을까요?	255
초등 1, 2학년 독서 지도법	160
초등 1학년에게는 어떻게 읽어줘야 하나요?	162
초등 3학년부터 학습만화 편향이 높아지는 이유	209
초등 저학년 속독 확인법	231
초등 저학년도 반복독서가 효과적인가요?	298
초등 저학년에게 필사를 시키면 안 되는 이유	298
초등 저학년은 왜 슬로리딩을 하면 안 되나요?	301
초등 저학년을 위한 독서 지도법	153
초등학생이 됐는데도 자꾸만 읽어달라고 해요	155
필독서, 권장 도서를 싫어해요	222
학습만화 지도는 어떻게 해야 하나요?	202, 204
학습만화 편향이 일어나지 않는 아이의 특징	212
학습만화가 왜 나쁜가요?	200
학습만화만 봐요	199, 204
학습만화와 글책 모두 잘 읽는 아이는 없나요?	212
한자 교육을 따로 해야 할까요?	274

다시, 공부머리 독서법
영유아, 초등 저학년 편

초판 1쇄 펴낸 날	2025년 3월 31일
8쇄 펴낸 날	2025년 10월 10일

지은이	최승필
펴낸이	이유정
편집	이충미
디자인	그린다 이규중

펴낸곳	책구루
출판등록	제399-2020-000011호
주소	남양주시 화도읍 비룡로33번안길 2, 1층
대표전화	031-511-9555
홈페이지	chaekguru.com
전자우편	chaekguru@naver.com

ISBN 979-11-963168-6-0 03370

* 이 책 내용의 일부 또는 전부를 재사용하려면
  반드시 저작권자와 책구루 양측의 동의를 받아야 합니다.
* 잘못된 책은 구입하신 곳에서 바꾸어드립니다.
* 책값은 뒤표지에 있습니다.